Effective Instructional Design
Based on Learning Sciences

基于学习科学的
有效教学设计

梁林梅　朱书慧　冯晓晓◎著

科学出版社
北京

内 容 简 介

有效教学设计是教师教学能力的核心要求，也是新课改实施以来教师超越个人经验、走向基于证据的专业发展和以学习为中心的教学改革所面临的难点和薄弱环节。

本书在继承国内外教学设计经典理论、原理、策略及模型的基础上，突出面向核心素养的、以学习者为中心的教学设计理念；在内容结构上，以学习科学和脑科学为理论基础，以经典的教学设计流程为主体脉络，以基于学习科学的有效教学设计典型模式的实践为最终目标。本书力图引导读者在学习和理解学习本质及机制的基础上，掌握有效教学设计的一般过程，进而提升自身的教学能力和专业能力。

本书既适合致力于应用学习科学变革课堂实践的一线教师与教育管理人员，又适合期望了解学习科学及以学习为中心的教学设计前沿进展和本土实践的职前教师。

图书在版编目（CIP）数据

基于学习科学的有效教学设计 / 梁林梅，朱书慧，冯晓晓著. —北京：科学出版社，2024.3
ISBN 978-7-03-078250-2

I. ①基⋯　II. ①梁⋯②朱⋯③冯⋯　III. ①教学设计–研究　IV. ①G42

中国国家版本馆 CIP 数据核字（2024）第 059172 号

责任编辑：崔文燕 / 责任校对：何艳萍
责任印制：赵　博 / 封面设计：润一文化

科 学 出 版 社 出版
北京东黄城根北街 16 号
邮政编码：100717
http://www.sciencep.com

天津市新科印刷有限公司印刷
科学出版社发行　各地新华书店经销
*
2024 年 3 月第 一 版　开本：720×1000　1/16
2025 年 5 月第三次印刷　印张：14 1/4
字数：256 000
定价：99.00 元
（如有印装质量问题，我社负责调换）

目 录

CONTENTS

第 一 章

认识和理解教学设计：
历史与经典模型

第一节　教学设计的发展历程

通常意义上，教师在教学中为了追求效果和效率，都自觉或不自觉地进行着教学设计工作，但这种设计往往受到教师自身的知识水平和教学经验以及客观的教学条件及工作环境等的限制，所以是一种经验式的教学设计。[①]

现代意义上的教学设计起源于第二次世界大战（简称二战）期间的美国，到20世纪60年代后期，教学设计的研究已经形成了一个专门领域。教学设计的研究主要源于一些心理学家试图把心理学的研究成果运用于教育（培训）情境，以建立一座能够沟通学习理论与教育教学实践的桥梁。教学设计的根本目的是创设一个有效的教学系统，目前它已被广泛应用于学校教育、商业、企业、医疗健康、军队、政府部门等领域。因为教学设计来自社会的直接需要，所以教学设计理论与实践的研究和开发已经成为一种广泛的国际性行动。[②]

教学设计在美国的发展可以分为以下五个阶段。

一、起源及早期发展阶段

20世纪40年代末和50年代是教学设计的起源及早期发展阶段。

二战期间，由于战争的需要，美国要在最短的时间内为军队输送大批合格的士兵以及为工厂输送大批合格工人，当时的心理学家及视听教育专家，例如加涅（R. M. Gagne）、布里格斯（L. J. Briggs）等，都参与了培训及培训教材的研发和编制工作。在培训过程中，心理学家们努力揭示人类是如何学习的，把心理学的知识运用于战时培训当中，初步形成了一些日后教学设计理论体系不可或缺的重

① 章伟民，曹揆申. 教育技术学[M]. 北京：人民教育出版社，2000：83.
② 〔美〕罗伯特•D. 坦尼森，〔德〕弗兰兹•肖特，〔德〕诺伯特•M. 西尔，〔荷〕山尼•戴克斯特拉. 教学设计的国际观（第1册）[M]. 任友群，裴新宁，译. 北京：教育科学出版社，2005：1.

要理论，例如米勒（R. B. Miller）的任务分析理论，加涅的有效教学的外在条件理论等。与此同时，视听教育专家与心理学家展开了密切合作，基于心理学关于人类如何学习的知识，开发出了一大批幻灯、投影等培训材料。这些都是将学习理论应用于设计教学的早期尝试，也成为教学设计理论的最初发展。

二战结束后，许多心理学家尝试将军队中成功的培训方法用于解决学校中的教学问题。20世纪40年代末和整个50年代，心理学家开始将教学（培训）视作系统，试图开发包括分析、设计和评估程序在内的比较正式的教学系统。虽然这个时期的教学设计仍处于襁褓之中，但教学设计的应用领域迅速拓展到工业和政府培训、职业培训、课堂学习和专业教育中。

二、教学设计的形成阶段

20世纪60年代是教学设计迅速发展的十年，教育学、心理学领域的一系列进展大大推动了教学设计的形成。

（一）行为主义教学目标的普及

当行为主义心理学在教学设计领域占主导地位时，如何识别与设计行为目标成为开发程序教材的教学设计人员亟须解决的问题。[①]行为目标在课程与教学领域中的确立始于课程开发科学化的早期倡导者博比特（F. Bobbitt），泰勒（R. Tyler）则在1949年出版的《课程与教学的基本原理》一书中系统发展了行为目标的理念，被认为是行为目标运动的鼻祖。他认为，教学必须明确界定目标种类，以便确定所学课程内容是帮助学习者[②]发展哪方面的行为类型；在教育目标分类方面，芝加哥大学的心理学家布卢姆（B. Bloom）等继承并发展了泰勒的行为目标理念，于1956年出版了《教育目标的分类学（第一分册：认知领域）》，大大推动了有关行为主义目标的研究；而马杰（R. F. Mager）在1962年出版了影响深远的《准备教学目标》一书，该书的出版大大地推动了行为目标在教育领域及培训领域的广泛普及。

---

① 高文. 教学系统设计（ISD）研究的历史回顾——教学设计研究的昨天、今天与明天（之一）[J]. 中国电化教育，2005（1）：17-22.
② 不同学者有"学习者""学生"的表述，本书未做强行统一。

（二）标准参照测试运动

20 世纪 60 年代初，影响教学设计形成的另一个重要因素就是标准参照测试运动（Criterion-Referenced Testing Movement）的兴起。

著名心理学家格拉泽（R. Glaser）是第一个注意到标准参照测试与常模参照测试区别的学者。常模参照测试评估的是某一学生相对于其他人的成绩，而标准参照测试则相对于学生自身的能力评估其成绩；标准参照测试不同于对学生进行横向比较的常模参照测试，它致力于测试一个人怎样执行一个特殊行为或一整套行为，而与其他人怎样执行无关。格拉泽指出，标准参照测试可以用来检测学习者在接受某一教学计划之前的水平，以确定学习者在接受某一教学计划之后所达到的行为水平程度。这两个方面是使用标准参照测试的目的，也是教学设计过程中的一大核心特征。

（三）形成性评价的兴起

随着 1957 年苏联成功发射人造地球卫星，美国政府在震惊之余，随即倾注百余万美元用于改善美国的数学和科学教育。大批教材被开发出来，并在未曾试用的情况下投入使用。几年后，人们发现其中很多教材并不那么有效。据此，美国课程评价专家斯科利文（M. Scriven）等指出，教材在正式使用前应先经过试用，以便在教材的形成阶段让教育者对其有效性进行评估，必要的时候还可以在正式付印前加以修订。斯科利文在 1967 年将试用与修订的过程称为形成性评价，即在使用前测试教学资源，与之相对的是总结性评价，即在使用后测试教学资源。①

（四）加涅的重要贡献

在教学设计的形成过程中，加涅功不可没。作为心理学家出身的加涅，既是教学心理学的创始人之一，也是教学设计专家，更是第一代教学设计理论的集大成者。

加涅的学习结果分类理论是他所建构的整个教学设计理论体系大厦的根基。1965 年，加涅在他的第一版《学习的条件》一书中对学习结果分类理论进行了

---

① 梁林梅，杨九民. 教育技术学[M]. 北京：北京大学出版社，2012：104.

完整阐释。在此书中，他提出的八种类型的学习，之后被确定为人们今天所熟知的五类学习结果：言语信息、智慧技能、认知策略、动作技能和态度①。此外，加涅还对每一类学习结果进行了更详细的划分。另外，各类学习结果之间并不是孤立的，它们之间有着严格的层级关系；加涅还强调，对每一类型或子类型的学习而言，都必须满足相应的内部条件；同时，加涅还对每一类型学习所对应的外部条件（即"教学事件"）进行了详细阐述。

（五）教学设计模式的形成

格拉泽在 1962 年首先使用了"教学系统"（instructional system）这一术语②，并用图式方式表明了教学系统的构成（图 1-1）。

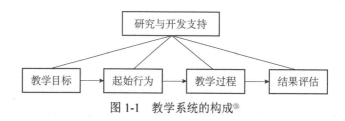

图 1-1　教学系统的构成③

格拉泽借助系统方法，将重要的教育学、心理学的系列理论和方法（目标、结果、评价、媒体、教学事件等）有机地结合到一个过程论的构架之中，由此构成了教学设计模式。

三、教学设计模式的多元化发展阶段

20 世纪 70 年代，很多不同的部门对教学设计过程十分感兴趣。其中，军事部门试图利用教学设计模式开发培训教材；在教育领域中，许多高校的教学改进中心试图运用媒体和教学设计程序改进教学质量，并开发了许多有关教学设计专业的研究生课程大纲。此外，在商业和工业领域，许多组织也意识到利用教学设

① 〔美〕R. M. 加涅，〔美〕W. W. 韦杰，〔美〕K. C. 戈勒斯，等. 教学设计原理[M]. 5 版修订本. 王小明，庞维国，陈保华，等，译. 上海：华东师范大学出版社，2018：50-55.

② 高文. 教学系统设计（ISD）研究的历史回顾——教学设计研究的昨天、今天与明天（之一）[J]. 中国电化教育，2005（1）：17-22.

③ 梁林梅，杨九民. 教育技术学[M]. 北京：北京大学出版社，2012：105.

计提高培训质量的价值。在国际上，韩国、印度尼西亚等国家也看到可以从应用教学设计解决自己国家的教学问题中获益。这一切都使得教学系统设计范式中各种模式的数量激增。①其中影响广泛的教学设计模式有格拉奇-伊利模式（Gerlach and Ely Model）、肯普模式（Kemp Model）、迪克-凯瑞模式（Dick and Carey Model）、史密斯-雷根模式（Smith and Ragan Model）、凯勒（J. Keller）提出的"ARCS 动机激发模型"②等。

这一时期，随着信息科学与计算机科学的兴起，心理学领域出现了"认知心理学革命"，认知心理学也开始对教学设计产生一定的影响。

四、教学设计的转型发展阶段

进入 20 世纪 80 年代，教学设计逐渐进入转型发展阶段。这一发展阶段产生的原因至少有三个：①教育领域的教学设计发展现状低迷，人们在反思传统教学设计局限性的同时，也在谋求新的发展路径；②计算机的产生，特别是 20 世纪 90 年代以来网络通信技术的发展，给教学设计的发展带来崭新的前景；③传统教学设计的基本假设客观主义受到建构主义的挑战，建构主义学习理论、教学理念和教学模式逐渐兴起。可以说，20 世纪 90 年代是教学设计进入多种理论交锋、各种影响力量激荡，既充满彷徨困惑又充满挑战和发展机遇的时期。③

五、学习环境设计日益受到关注阶段

进入 21 世纪，受到建构主义学习理论和学习科学发展的影响，学习环境设计开始成为教学设计领域的一个重要主题。美国教育技术领域的专业人员认为学习环境包括物理设施、心理氛围、教学技术、媒体和方法。④

在传统的教学论中常用"教学环境"这一概念，指由学校和家庭的各种物质

① 高文. 教学系统设计（ISD）研究的历史回顾——教学设计研究的昨天、今天与明天（之一）[J]. 中国电化教育，2005（1）：17-22.

② 凯勒认为影响学生动机形成的因素有四类：注意（attention）、相关（relevance）、自信（confidence）及满意（satisfaction），将以上四个英文单词的首字母组合便形成了影响广泛的 ARCS 动机激发模型。

③ 钟志贤. 论教学设计的发展历程[J]. 外国教育研究，2005（3）：34-39.

④ 〔美〕斯马尔蒂诺，〔美〕罗素，〔美〕海涅克，等. 教学技术与媒体[M]. 8 版翻译版. 郭文革，译. 北京：高等教育出版社，2008：6.

因素构成的学习场所或课堂内各种因素的集合，主要内容是家庭、学校和课堂中的物质因素①。后来人们认识到教学环境不仅仅是物质环境，还包含物质环境之外的教学模式、教学策略、学习动机、学习氛围等因素。

随着教育理念及学习理论的发展，近年来人们开始更多地以"学习环境"这一术语替代过去的"教学环境"。学习环境是影响学习者学习的外部环境，是促进学习者主动建构知识意义和促进能力生成的外部条件。信息技术的发展已大大改变了学习者的学习环境，如何为学习者创设基于技术支持的良好的学习环境以支持和促进学习，成为多学科共同关注的一个重要议题。②

第二节　认识教学设计

一、什么是教学

（一）对教学内涵与本质认识的不断深化

在我国传统的教学论研究中，一般将教学界定为"教师教和学生学的统一活动"③，或者"教和学相结合或相统一的活动"④。受 20 世纪 90 年代建构主义学习理论的影响，国内研究者逐步认识到"教学不是传递知识，而是创设一定的环境和支持，促进学习者主动建构知识的意义"⑤。因此，研究者开始重新思考和认识教学的内涵与本质。随着研究的不断深入，研究者意识到教学的复杂性，研究者发现"许多人并不了解教学的复杂性，或者更准确地说，帮助别人学习有多么困难，这一挑战并没有随着时间的推移而改变"⑥。研究者进一步指出，教学是一种复杂的"实践"而不是"科学"，因为没有固定的处方确保教学对学生

① 田慧生，李如密. 教学论[M]. 石家庄：河北教育出版社，1996：5.
② 梁林梅，杨九民. 教育技术学[M]. 北京：北京大学出版社，2012：102-106.
③ 王策三. 教学论稿[M]. 北京：人民教育出版社，1985：91.
④ 李秉德. 教学论[M]. 北京：人民教育出版社，1991：2.
⑤ 刘儒德. 建构主义：知识观、学习观、教学观[J]. 人民教育，2005（17）：9-11.
⑥ 〔美〕普莱斯顿·D. 费德恩，〔美〕罗伯特·M. 沃格尔. 教学方法——应用认知科学，促进学生学习[M]. 王锦，曹军，徐彬，等，译. 上海：华东师范大学出版社，2006：93.

的学习产生最大限度的影响，也没有一套原则可应对所有学生的所有学习①。

目前关于教学的内涵和本质认识尚未达成共识，教学设计领域对于教学的界定各有侧重：①加涅认为，教学的目的是帮助人们学习，他将教学定义为嵌入有目的的活动中的、促进学习的一系列事件②；②梅耶（R. E. Mayer）指出，教学是教育者为促进学生学习而对学习环境加以操控的过程，它的目的是帮助学生学习，并创设一种能引发学习者经验的教学环境，这种经验反过来会促进学生的知识产生变化③；③国内学者崔允漷认为，教学是教师引起、维持或促进学生学习的所有行为④。

（二）对教与学的关系的重新解读

随着近年来学习科学研究的不断深入，研究者首先对教与学的关系有了更加深刻的认识，例如哈蒂（J. Hattie）指出，学校的根本目的在于保证所有学生的学，而不仅仅是保证所有学生被教；在教学中必须保持学习的优先地位，并且以教学对学生的学习产生的影响作为思考教学的根本。⑤国内学者也认为：教是为了学生的学，为了学生更想学、更会学以及学得更好。因此，教要在学的前提下才能实现。学既是教的出发点，也是教的归宿；教与学的关系是"学主教从"——从行为者的主次地位来看，学习是学生的基本权利，永远是第一位的，教师教学是服务学生学习的，教师的角色是学习的促进者；教学作为完整的专业实践活动，其结束的标志是学生有没有学会，绝非教师有没有教。⑥

（三）基于证据的教学改进

在研究和揭示教学特性及本质的同时，学习科学研究者一致认为，虽然研究

---

① 〔新西兰〕约翰·哈蒂. 可见的学习：最大程度地促进学习（教师版）[M]. 金莺莲，洪超，裴新宇，译. 北京：教育科学出版社，2015：5.

② 〔美〕R. M. 加涅，〔美〕W. W. 韦杰，〔美〕K. C. 戈勒斯，等. 教学设计原理[M]. 5版修订本. 王小明，庞维国，陈保华，等，译. 上海：华东师范大学出版社，2018：2.

③ 〔美〕理查德·E. 梅耶. 应用学习科学——心理学大师给教师的建议[M]. 盛群力，丁旭，钟丽佳，译. 北京：中国轻工业出版社，2016：4.

④ 崔允漷. 有效教学[M]. 上海：华东师范大学出版社，2009：20.

⑤ 〔新西兰〕约翰·哈蒂. 可见的学习：最大程度地促进学习（教师版）[M]. 金莺莲，洪超，裴新宇，译. 北京：教育科学出版社，2015：1.

⑥ 崔允漷. 学历案：学生立场的教案变革[N]. 中国教育报，2016-06-09（6）.

并不能最终为所有学生和所有课堂提供有效的教学策略，但研究能告诉教师哪些策略可能较好地适用于学生。学习科学研究者提出的理论可以为教师提供一个有用的框架，帮助教师对课程、教材和其他材料以及自身行为进行反思[①]。因此，研究者坚定地认为证据是做出适当专业决策的关键所在，教师越能够掌握学习研究者所提出的各种教学策略，也就越能够创造出优化学习的课堂[②]。学习科学研究者建议教师基于研究的证据持续不断地改进教学[③④]。近年来一些研究者开始借助文献研究，尤其是元分析研究等方法，总结和提炼出一些"基于研究、基于证据的有效教学策略"，为教师实施以学习为中心的教学实践变革提供了科学指导，例如美国的马扎诺（R. J. Marzano）、澳大利亚的约翰·哈蒂等。

拓展阅读 1-1：约翰·哈蒂关于影响学生学业成就因素的元分析

约翰·哈蒂，澳大利亚墨尔本大学墨尔本教育研究所教授兼所长，学习科学研究中心副主任。哈蒂运用元分析的统计技术，耗时 15 年时间，对 20 世纪 80 年代至 21 世纪初涉及 2.46 亿儿童的教育实证研究结果进行了一次工程浩大的综合和总结，并于 2009 年发表了《可见的学习：对 800 多项关于学业成就的元分析的综合报告》。他向人们展示了教育科学化的一种可能路径——即收集教育领域的庞大数据，找出最有效的或者成本效益最高的干预措施，以此影响教育政策的制定，进而尽最大可能地改善教育系统。

哈蒂的"可见的学习"研究及其学术话语极大地影响了世界各国的教育政策和教育实践——在英国，该书被誉为"教育圣经"，《泰晤士报（教育副刊）》称哈蒂发现了教学的"圣杯"；在德国，该书被誉为教育者的《哈利·波特》，《明镜周刊》认为哈蒂的研究使教育改革的讨论"回到事情本身"；在北美，众多教育研究者呼吁运用哈蒂的研究结果来改进课堂教学；在澳大利亚和

---

① 〔德〕汉纳·杜蒙，〔英〕戴维·埃斯坦斯，〔法〕佛朗西斯科·贝纳维德. 学习的本质：以研究启迪实践[M]. 杨刚，等，译. 北京：教育科学出版社，2020：31.

② 〔美〕罗伯特·J. 马扎诺. 新教学的艺术与科学[M]. 盛群力，蒋慧，陆琦，等，译. 福州：福建教育出版社，2018：2.

③ 〔新西兰〕约翰·哈蒂. 可见的学习：最大程度地促进学习（教师版）[M]. 金莺莲，洪超，裴新宇，译. 北京：教育科学出版社，2015：前言.

④ 〔美〕罗伯特·J. 马扎诺. 教学的艺术与科学——有效教学的综合框架[M]. 盛群力，唐玉霞，曾如刚，译. 福州：福建教育出版社，2014：4-5.

新西兰，基于可见的学习理论的学校改进模式已经成为一种新常态。

哈蒂在《可见的学习：对 800 多项关于学业成就的元分析的综合报告》中，呈现了当时收集到的最多的影响学生学业成就的研究数据——多达 138 项（后续的元分析增加到了 147 项）。在对所有因素进行系统分析的基础上，哈蒂对教育系统中常见的因素对学生学业成绩的影响从高到低进行了排序：

（1）教师（平均效应量为 0.49）。

（2）课程（平均效应量为 0.45）。

（3）教学（平均效应量为 0.43）。

（4）学生（平均效应量为 0.40）。

（5）家庭（平均效应量为 0.31）。

（6）学校（平均效应量为 0.23）。

哈蒂的上述研究表明教师、课程及教学对于学生的学习和发展至关重要。[1][2]

二、什么是设计

教学设计既是一种教学行为，同时还具有设计的属性，因此我们还需要对设计的内涵有所了解。

设计是人类最为广泛的实践和认知活动，体现了人类分析和解决问题的能力与方法，教学设计也不例外。设计是为了创造有实践效用的新事物而进行的有目的的、探究性的、创造性的活动，包含对一个定义不良情境的探索、发现和解决一个或多个问题、具体说明产生有效改变的途径等。设计在很多领域实施，并根据设计者和所设计的事物类型不同而变化。设计需要理性和直觉的平衡、行动的动力和对所采取行动的反思能力。[3]教学设计领域通常存在两种教学设计观，即理性教学设计观和创造性教学设计观。

---

① 〔新西兰〕约翰·哈蒂. 可见的学习：对 800 多项关于学业成就的元分析的综合报告[M]. 彭正梅，邓莉，高原，等，译. 北京：教育科学出版社，2015：译者序：1-8.

② 〔新西兰〕约翰·哈蒂，〔澳〕格雷戈里·C. R. 耶茨. 可见的学习与学习科学[M]. 彭正梅，邓莉，伍绍杨，等，译. 北京：教育科学出版社，2018：译者前言：1-9.

③ 杨南昌. 学习科学视域中的设计研究[M]. 北京：教育科学出版社，2010：86-87.

（一）理性教学设计观

理性教学设计观把教学设计描述为一种技术性的过程，在这一过程中，设计是通过对规则、原理及程序的了解来进行的。持理性设计观的设计者不断地从情境中提取出标准的信息类型，清晰地定义目标和对象并获得"最佳"设计。通常情况下，设计者会遵循一定的流程和规则一步一步操作实施，该过程是合乎逻辑的、理性的和系统的，设计者可能希望成为技术人员或工程师。

（二）创造性教学设计观

持创造性教学设计观的设计者会通过对机遇及具体情境的识别而启动设计，并在周而复始的循环中进行设计。他们认为没有必要采用一般的规则和程序，因为他们可凭感觉（经验、直觉）对影响教学设计的因素进行归并或简化，创造性教学设计过程是基于直觉的，是创造性的或艺术性的。

（三）融理性与创造性为一体的设计观

现实中的教学设计者大都持融理性与创造性为一体的设计观，承认教学设计过程是技术与创造性相融合、理性思考与直觉思维相融合的过程。技术与理性思考是分析情境、描述需要所必需的，而创造性与直觉思维则对教学设计理论和实践的创新至关重要，应该保持两者之间的平衡。

三、什么是教学设计

目前国内外研究者对教学设计的定义也各有侧重，20世纪90年代以来，国内学者对于教学设计的典型定义如下。

1）教学设计是运用系统方法分析教学问题和确定教学目标、建立解决教学问题的策略方案、试行解决方案、评价试行结果和对方案进行修改的过程。[①]

2）教学设计是以促进学习者的学习为根本目的，运用系统方法将学习理论与教学理论等原理转换成对教学目标、教学内容、教学方法和教学策略、教学评价等教学环节进行具体规划，并创设有效的教与学系统的"过程"或"程序"。

---

① 乌美娜. 教学设计[M]. 北京：高等教育出版社，1994：11.

教学设计既具有设计学科的一般性质，又必须遵循教学的基本规律。①

3）教学设计本质上是一种分析和解决教学问题的系统方法，包括一套相关的教与学的原理、指导原则和创新性做法。教学设计是技术的范畴，是"科学的或其他体系化的知识在完成实际任务中的系统化应用"。教学设计是连接理论与实践的桥梁。②

4）教学设计是应用系统方法分析、研究教学的问题和需求，确定解决这些问题和需求的教学策略、教学方法及教学步骤，并对教学结果做出评价的一种计划过程与操作程序。③

第三节 理解教学设计的核心特征

一、教学设计以多种理论为基础

教学设计面向教学实践，以分析和解决实际教学问题为主旨，因此属于多学科交叉的应用领域，它需要应用多学科的基础理论作为制定教学决策、开展教学设计的依据。另外，教学设计的理论基础不是少数人实践经验的总结，而是建立在已被实验研究所证实的科学理论的基础之上的，这些科学理论主要包括学习理论、教学理论、传播理论和系统理论。只有了解和掌握了这些必要的理论，教师才能够开展科学的教学设计。

二、教学设计的目的在于促进学习者的学习

在分析和总结教学设计的基本假设时，加涅再次强调了教学的目的是帮助人们学习，因此教学设计必须以帮助学习过程而不是教学过程为目的。④可以说，自教学设计诞生之日起，促进学习者的学习与发展就是设计者和教师的共同追

---

① 何克抗，林君芬，张文兰. 教学系统设计[M]. 2版. 北京：高等教育出版社，2016：5.
② 张祖忻，章伟民，刘美凤. 教学设计——原理与应用[M]. 北京：高等教育出版社，2011：7-8.
③ 谢幼如. 教学设计原理与方法[M]. 北京：高等教育出版社，2016：3.
④〔美〕R. M. 加涅，〔美〕W. W. 韦杰，〔美〕K. C. 戈勒斯，等. 教学设计原理[M]. 5版修订本. 王小明，庞维国，陈保华，等，译. 上海：华东师范大学出版社，2018：2-3.

求。"促进学习者的学习"包含两层意义：一层含义是通过创设教与学的系统，帮助学习者最大限度地获取社会文化知识和专业知识；另一层含义在于帮助学习者学会学习，其关键在于认知策略的掌握。帮助学习者获取知识是教学系统设计的直接目的，而帮助学习者学会学习则是教学系统设计的最终指向。[①]

三、教学设计是连接教学理论和教学实践之间的桥梁

从历史上看，美国著名哲学家、教育家杜威（J. Dewey）早在 1900 年就提出应该在学习理论和教学实践之间建立起一门"桥梁学科"，其目的是将理论和实践联系起来，以实现教学的优化设计。此外，美国心理学家桑代克（E. L. Thorndike）也曾经提出类似的主张，但受到当时条件的限制，并未形成系统的教学设计理论体系。[②③]

诞生于 20 世纪 60 年代的教学系统设计真正实现了杜威的设想，其目的是将学习理论和教学理论等基础理论的原理与方法转换成解决教学实际问题的方案，它不是为了发现客观存在的、尚不为人知的教学规律，而是运用已知的学习规律及教学规律去创造性地解决教学中的问题。[④]因此，教学设计可被视作理论和教学实践的中间环节，其目的是依据特定的教学目标，通过选择适当的教学策略和教学媒体，规划教学活动，为学习者提供最佳的学习环境。在教学设计的体系中，既有理论研究，又有实践应用。

四、教学设计应用的三个层次

教学设计是一个问题解决[⑤]的过程。根据教学（培训）中问题范围大小的不同，教学设计也相应地具有不同的层次，即教学设计的基本原理与方法可用于设计不同层次的教学系统。教学设计发展到现在，一般可归纳为三个层次[⑥]。

---

① 杨九民，梁林梅. 教学系统设计理论与实践[M]. 北京：北京大学出版社，2008：15.
② 皮连生. 教学设计——心理学的理论与技术[M]. 北京：高等教育出版社，2000：6.
③ 何克抗，林君芬，张文兰. 教学系统设计[M]. 2 版. 北京：高等教育出版社，2016：5.
④ 何克抗，林君芬，张文兰. 教学系统设计[M]. 2 版. 北京：高等教育出版社，2016：5.
⑤ 关于"解决问题""问题解决"，不同学者表述不同，本书未做强行统一。
⑥ 何克抗，林君芬，张文兰. 教学系统设计[M]. 2 版. 北京：高等教育出版社，2016：14-15.

（一）以"产品"为中心的层次

教学设计的最初发展是从以"产品"为中心的层次开始的。它把教学中需要使用的媒体、材料、教学包等（例如 PPT 课件、多媒体教学软件、微课、虚拟仿真软件等）当作产品进行设计。教学产品的类型、内容和教学功能常常由教学设计人员和教师、学科专家共同确定，当然，有时还吸纳媒体专家和媒体技术人员参加，对产品进行设计、开发和测试、评价。

（二）以"课堂"为中心的层次

这个层次的设计范围是课堂教学，它根据课程标准及教学目标的要求，针对特定的教学对象，在一定的教学设施和教学资源条件下进行教学设计工作。其重点是充分利用已有教学资源及环境来完成教学目标，而不是开发新的教学材料（产品），学科教师的教学设计通常集中于这一层次。如果教师掌握教学设计的有关知识与技能，以"课堂"为中心的层次的整个教学设计完全可由教师自己来完成，在必要时也可由教学设计专业人员辅助进行。

（三）以"系统"为中心的层次

按照系统观点，上面两个层次中的课堂教学和教学产品都可被看作教学系统，但这里的系统特指比较大、比较综合和复杂的教学系统，例如校本课程、网络课程（包括慕课）、远程教学系统、系列培训（研修）方案、大型虚拟仿真系统等。这一层次的设计通常包括系统目标的确定，实现目标方案的建立、试行、评价、修改等，其涉及内容面较广，设计难度较大，而且设计一旦完成就要投入到范围很大的场合去使用和推广，因此需要由教学系统设计人员、学科专家、教师、行政管理人员，甚至包括有关学生的设计小组来共同完成。这一层次的教学设计以解决问题为导向，非常重视前期分析。它从收集数据开始，以确定教学问题所在和解决问题方案的可行性和必要性，在教学设计的过程中要求按给定的方式详细说明存在的问题，以保证系统设计是有的放矢的。与前面两个层次的教学设计相比，它更强调对大环境进行分析，需要做出的努力也更多。①

---

① 梁林梅，杨九民. 教育技术学[M]. 北京：北京大学出版社，2012：101-102.

第四节　教学设计的经典模型

一、教学设计的 ADDIE 模型

多年来，教学设计者一直在应用各种各样的教学设计模式来指导自身的实践，其中影响广泛的当属 ADDIE 模型，教学设计领域几乎所有的经典教学设计模型都是在该模型基础上变化而来的。[①]ADDIE 模型是由美国军队首先提出的，最初用于确保士兵训练的效率和效果，后来被美国本土和其他国家的许多组织广泛采用。[②]ADDIE 模型已经成为教学实践中经常参照的教学设计过程的一般模型（图 1-2）。该模型的名字取自其流程中各步骤的第一个字母：分析（analysis）、设计（design）、开发（development）、实施（implementation）和评价（evaluation）。其各阶段反映了系统解决问题模型中的主要步骤——该模型始于问题及其原因的识别（分析），然后提出解决问题方案（设计），准备解决方案（开发），试验（实施）以及确定解决方案是否成功（评价）。

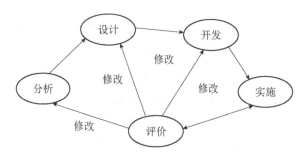

图 1-2　教学设计的 ADDIE 模型[③]

对该模型的简要解释如下。

---

① 〔美〕琴纳莫，〔美〕考克. 真实世界的教学设计[M]. 蔡敏，主译. 北京：中国轻工业出版社，2007：4.

② 〔美〕威廉·J. 罗思韦尔，〔美〕H. C. 卡扎纳斯. 掌握教学设计流程. 3 版. 李洁，李元明，译. 北京：北京大学出版社，2007：55.

③ 〔美〕R. M. 加涅，〔美〕W. W. 韦杰，〔美〕K. C. 戈勒斯，等. 教学设计原理[M]. 5 版修订本. 王小明，庞维国，陈保华，等，译. 上海：华东师范大学出版社，2018：21-23.

（一）分 析

1）首先确定需求，即要利用教学（培训）来解决什么问题。

2）进行教学分析，以确定教学的认知、情感与动作技能方面的目的。

3）确定期望初学者具备的技能，以及哪些技能会影响其对教程的学习。

4）分析可以利用的时间，以及在这段时间内可以实现多少目标。有些学者还建议进行情境或资源分析。

（二）设 计

1）把教学的目的转换成表现性的（绩效）结果及主要的教学目标（单元目标）。

2）确定所涵盖的教学主题或单元以及用于每一个主题或单元上的时间。

3）依据教学目标安排单元顺序。

4）充实教学单元，确定每一个单元所要达到的主要目标。

5）确定每一个单元的课时及学习活动。

6）开发出评价学生已习得内容的具体标准。

（三）开 发

1）确定学习活动与材料的类型。

2）开发学习材料或学习活动。

3）在学习者中进行材料及活动的试用。

4）修改、制作材料及活动。

5）开发教师培训或辅助材料。

（四）实 施

1）购买材料，以便为教师或学生使用。

2）在必要时提供帮助与支持。

（五）评 价

1）实施学生评价计划。

2）实施教学评价计划。

3）实施教程修订计划。

需要特别强调的是，该模型中各要素之间的关系不是线性的，不是按部就班的。ADDIE 体现了教育技术解决问题的逻辑思维方式。对于教学设计的实践而言，它只是一个启发式模型，强调因地制宜。因此，在实际操作中它是一个非线性、动态的过程，评价和修改贯穿于模型的各个环节，各个环节往往又是交叉、同步进行的。①

二、教学设计的 ASSURE 模型

该模型起源于美国②，被广泛用于教师培训领域。该模型适用于教师个体在班级教学情境中有效使用教学媒体开展教学。ASSURE 是模型中六个步骤每一个单词首字母的组合：A（analyze learners），分析学习者；S（state objectives），陈述教学目标；S（select methods，media，and materials），选择教学方法、媒体和资料；U（utilize media and materials），使用媒体和资料；R（require learner participation），鼓励学习者参与到学习活动中；E（evaluate and revise），评估和修正。

（一）分析学习者

教学计划的第一步是弄清楚教学对象是谁。教师只有了解了教学对象，才有可能选择最合适的媒体，实现教学目标。分析学习者的每一种特质是不可能的，教师（培训师）只需要分析几种对于媒体和技术的选择起决定作用的特征，例如一般特征、起点能力和学习风格。

1）一般特征。一般特征包括学习者的年龄、年级、工作或职位，以及文化和社会经济因素等。

2）起点能力（知识、技能和态度）。起点（入门）能力指的是学习者已经具备或者缺乏的知识和技能，如知识背景、目的技能和态度等。

---

① 梁林梅，杨九民. 教育技术学[M]. 北京：北京大学出版社，2012：110-111.

② 〔美〕斯马尔蒂诺，〔美〕罗素，〔美〕海涅克，等. 教学技术与媒体[M]. 8 版翻译版. 郭文革，译. 北京：高等教育出版社，2008：62-97.

3）学习风格。学习风格指的是一组心理特征，这组心理特征能够决定一个人在学习环境中的知觉、与学习环境的互动和对环境的反应等，例如知觉偏好及强度、信息处理习惯（具体有序、具体随机、抽象有序、抽象随机）、动机因素（动机决定着人们将做什么而不是他们能做什么）、焦虑水平、生理因素（性别、健康、环境条件）等。

适应不同学习风格的最好办法是课堂教学多样化。例如，具体有序的学习者喜欢直接的、按照一定的逻辑顺序排列的学习内容，他们采用练习本、程序教学、示范、结构化实验操作等学习方法能够取得最好的学习效果；具体随机的学习者倾向于采用尝试错误的方法，从探索性的经历中很快得出结论，适合采用游戏、模拟、独立研究项目和发现性学习等方式学习；抽象有序的学习者擅长于解析语言和符号化信息，适合采用阅读和听演讲等学习方式学习；而抽象随机的学习者善于从以人为媒介的演讲中抽取中心意思，他们会对演讲者的语调、演讲风格以及传达的信息做出回应，适合采用小组讨论、附有问答的讲授、看电影和看电视等方式学习。

（二）陈述教学目标

教学目标需要回答"完成教学任务后，学生应该掌握什么新知识、新技能"，陈述教学目标的另一个目的是评价教学效果。在某种意义上，教学目标会引导教师（培训师）设计合适的教学活动顺序，选择合适的教学媒体。教学目标的陈述应当尽可能明确，事实上，清晰的教学目标相当于教师和学生之间的一个合同或契约。

（三）选择教学方法、媒体和资料

教学方法、媒体和资料选择的过程包括三个主要步骤。

1. 按照给定的学习任务确定适当的教学方法

教学方法可分为学生主导的教学方法（由学生来控制教学过程）和教师主导的教学方法（由教师控制学习过程）两大类。学生主导的教学方法包括讨论、协作学习、游戏、模拟、探究和解决问题等；教师主导的教学方法包括讲授、示范、练习、辅导等。计算机可被应用于以上所有的教学方法。①

2. 选择与教学方法相适应的媒体格式

媒体格式就是储存信息和显示信息的物理格式，包括挂图、幻灯片、音频、视频、计算机多媒体等。每一种媒体都有自己的优点和局限性，选择媒体格式是一项复杂的任务——需要考虑媒体的种类、学习者的多样性、需要达到的教学目标等。

3. 获取特定的教学材料

获取合适教学材料的方式通常有以下三种。

1）选择可用的教学资料。显然，如果有现成的符合要求的教学资料，学习者可以方便地使用这种资料，这是最好的，可以省时间省金钱。

2）修改现有的教学资料。如果没有完全满足教学目标或者适合学习者的教学资料，一种折中的方法就是修改现有的教学资料。

3）设计新的教学资料素材。如果也没有可供修改的教学资料，那就只能自己设计新的教学资料了。虽然这种方法费时间费金钱，但这可能是最适合学习者和学习内容的资料。

（四）使用媒体和资料

大量研究表明，同样的媒体资料可以有很多不同的使用过程，在这些过程中可能有很多共同的元素，主要的不同之处是由谁来使用这些媒体和资料。越来越多的研究支持以学习者为中心的学习，所以学习者更多的是自己使用媒体和资料（个人或者学习小组），由教师把媒体放映给学习者观看的情况越来越少。

无论教学强调以学习者为中心，还是以教师为中心，教育技术专业人员在多年的研究和实践中逐步形成了媒体材料使用的"5P"原则。

1）预览资料（preview materials）：在使用教学材料之前，教师（培训师）一定要先预览一遍，不要贸然使用任何一种教学材料。

2）准备资料（prepare materials）：不管是由教师播放还是让学习者自己使用，都需要预先准备好教学资料。

---

① 〔美〕斯马尔蒂诺，〔美〕罗素，〔美〕海涅克，等. 教学技术与媒体[M]. 8版翻译版. 郭文革，译. 北京：高等教育出版社，2008：20-25.

3）准备环境（prepare environment）：无论学习在哪里（教室、实验室、媒体中心、田径场等）发生，都需要具备一定的设备条件，供学习者观看媒体或材料。环境的好坏会直接影响学习的效果。

4）准备学习者（prepare learners）：准备学习者，就是要了解学习者的具体情况，包括学习者的知识水平、学习者想要学到什么等。准备学习者教学效果至关重要。

5）提供学习经验（provide experience）。

（五）鼓励学习者参与到学习活动中

脑科学关于学习的已有研究表明，一个被动的有机体学到的东西很少，甚至根本没有学到任何东西。有效学习意味着拒绝被动学习，主张主动参与、努力探索以及主动地生成假设并在现实世界中去验证它们[①]；教育领域的研究者及实践者也都认识到，学习者的积极参与能够提高学习的效果。例如，普赖斯（K. M. Price）等的研究发现，积极参与是一种使学生融入教学或活动的方法，也被称作积极的学生应答或积极的学生投入。积极的参与能够使学生持续投入课堂学习之中，使他们更愿意接收、储存和加工教师呈现的知识内容；还可以使教学或学习活动具有互动性，从而使参与其中的学生更容易集中注意力，并且更容易增强学习的自信。[②]马扎诺等的研究则进一步强调，学生在课堂上的参与度是有效教学的核心特征之一，如果学生不积极参与学习活动，他们就几乎没有机会学到课堂上的知识。[③]因此，最有效的学习情境就是能够让学生按照教学目标的需要，积极参与。学生参与的形式可以是多种多样的，比如大班活动、小组活动、调查、访谈、作品制作、游戏等。不管采用哪一种方式，最重要的是学生必须得到及时的反馈。

（六）评估和修正

最后一个步骤是对有效的学习进行评估和修正。评估和修正是设计高质量教

---

① 〔法〕斯坦尼斯拉斯·迪昂. 精准学习[M]. 周加仙，等，译. 杭州：浙江教育出版社，2023：183-185.
② 〔美〕凯·M 普赖斯，〔美〕卡娜·L 纳尔逊. 有效教学设计[M]. 李文岩，刘佳琪，梁陶英，等，译. 北京：中国人民大学出版社，2016：74-75.
③ 〔美〕罗伯特·J. 马扎诺，〔美〕黛布拉·皮克林，〔美〕塔米·赫夫尔鲍尔. 高度参与的课堂：提高学生专注力的沉浸式教学[M]. 白洁，译. 北京：中国青年出版社，2019：5.

学的重要步骤。教学中最常见的评估方式是书面考试。此处的评估包含两方面的含义：对学习者学习成绩的评估和对教学媒体及教学方法的评估。

虽然通常要等到整个教学单元结束后才能进行总的评估，但实际上在教学前、教学过程中、教学完成后，教师都要对学习者的学习情况进行评估。评估并不是教学过程的结束，在 ASSURE 模型中，评估是下一个教学周期的开始。

对教学方法和媒体进行评估时需要考虑下列问题：

1）教学素材是否有效？

2）教学效果是否还可以提高？

3）与学习者取得的成绩相比，制作媒体的成本是否值得？

4）与实际效果相比，教师的演讲所花时间是否太长？

5）媒体是否帮助学习者达到了学习的目标？

6）媒体是否唤起了学习者学习的兴趣？

7）学习方法是否为学习者提供了有效的参与机会？[1]

三、教学设计的迪克–凯瑞模型

当代西方有关教学与培训的模式林林总总，但由当代著名教学设计专家、美国佛罗里达州立大学教授迪克（W. Dick）和凯瑞（L. Carey）于 1978 年在《教学系统化设计》一书中提出的迪克–凯瑞模型（图 1-3）在教育技术领域被奉为经典，为初学者掌握基本的教学设计程序和规范奠定了良好基础，具有很强的实践意义。[2]加涅认为在所有教学设计模型中，最著名的或许就是迪克–凯瑞模型。[3]

（一）确定教学目标

迪克–凯瑞模型的第一步是确定学习者在教学结束后能够做什么。教学的目标可以有多个来源，包括教学目标列表、需求评估结果、对学习困难学习者实际情况的了解、对正在从事某项工作的人员的分析，以及对新教学的其他需求等。

---

① 梁林梅，杨九民. 教育技术学[M]. 北京：北京大学出版社，2012：91-95.

② 梁林梅，杨九民. 教育技术学[M]. 北京：北京大学出版社，2012：111-114.

③ 〔美〕R. M. 加涅，〔美〕W. W. 韦杰，〔美〕K. C. 戈勒斯，等. 教学设计原理[M]. 5 版修订本. 王小明，庞维国，陈保华，等，译. 上海：华东师范大学出版社，2018：38.

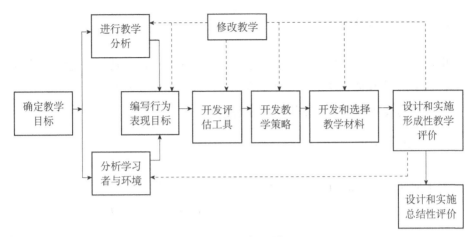

图 1-3　迪克-凯瑞模型①

（二）进行教学分析

在确定了教学目标之后，还要确定为了实现目标学习者需要做什么。教学分析是若干过程的集合，其最后的结果是要确定在教学开始之前，学习者必须具备哪些知识、技能和态度，即学习者所应具备的起点行为或入门能力。

（三）分析学习者与环境

除了分析教学目标之外，还要同时分析学习者及其所处的学习环境。学习者现有技能、偏好和态度，以及学习环境等重要信息，会影响模型后续步骤的进行，特别是教学策略的确定。

（四）编写行为表现目标

基于教学分析及对学习者起点行为的描述，这一环节需要对学习者在教学结束后能够做什么的具体行为进行描述。这些表述来自前面教学分析环节中所识别出的具体技能，并需要明确指出学习者要学习的技能是什么，运用这些技能时应具备什么样的条件，以及成功的行为标准是什么。

---

① 〔美〕W. 迪克，〔美〕L. 凯瑞，〔美〕J. 凯瑞. 系统化教学设计[M]. 6 版. 庞维国，等，译. 上海华东师范大学出版社，2007：21.

（五）开发评估工具

根据前面已经确定的具体教学目标，开发相应的评估工具，以便测量具体的教学目标中所描述的学习者应该具备的能力。这里需要强调的是，应该把教学目标中所描述的技能的类型与评估要求联系起来。

（六）开发教学策略

基于前面步骤提供的信息，确定为达到最终的教学目标在教学中需要采用的教学策略。教学策略强调的是促进学习者学习的成分，包括教学前的活动、教学内容的呈现、学习者的参与、评估以及学习拓展等。教学策略的开发要基于当前的学习理论和学习研究的成果，要基于传输教学的媒体特征、教学内容及学习者特点。

（七）开发和选择教学材料

这一步要基于所设计和开发的教学策略开展，具体包括编制学习手册、选取教学材料及编制评估工具。这里的教学材料泛指各种类型的教学材料，包括教师手册、多媒体课件、在线课程等。是否自己开发教学材料，取决于学习结果的类型、现有的相关材料是否可用，以及资源开发的条件与可行性等。

（八）设计和实施形成性教学评价

在实施教学的过程中，还要开展一系列的形成性教学评价活动，以收集数据，确定如何改进教学。形成性评价一般有三种类型：一对一评价、小组评价和现场评价。每种评价为教师提供了不同类型的反馈信息，这些信息可被用于教学改进。

（九）修改教学

教学是一个开放和不断改进的过程，好的教学需要根据前面教学评价的结果，对教学设计的整个过程进行进一步的修订和完善，以不断提高教学的质量和水平。这一步需要整理和分析形成性评价收集的数据，确定学习者在完成目标的过程中所遇到的困难，并依据这些困难找出教学方面的不足。

（十）设计和实施总结性评价

尽管总结性评价是教学有效性的最终评价，但是它通常不是设计过程的一部分。它是用来评价教学的绝对或相对价值的，必须在完成形成性评价、已经对教学进行充分修改、满足设计者制定的标准之后进行。由于总结性评价通常不是由教学的设计者而是由独立的评估者完成的，因此从本质上来说，这个过程并不被视为教学设计过程的一部分。

第二章

应用学习科学促进有效教学：
理论基础与实践发展

第一节　认识学习科学

一、学习科学的诞生与发展

人类对学习问题的研究经历了较长的历程，但本书所探讨的"学习科学"（learning sciences）特指 20 世纪 90 年代在认知科学已有研究的基础上诞生的一个全新的研究教与学的跨学科领域。确切来说，学习科学诞生在 1991 年，其标志性事件是第一届学习科学国际会议的成功举办和《学习科学杂志》（*Journal of the Learning Sciences*）的创刊。学习科学的研究目标，首先是更好地理解认知过程和社会化过程，以产生最有效的学习，其次便是用学习科学的知识来重新设计已有的课堂及其他学习环境，从而促使学习者更有效和深入地学习。

回顾学习科学的形成和发展历程，大体上经历了如下三个发展阶段。

（一）起步阶段

20 世纪 80 年代前后，一些在传统认知科学领域颇有建树的科学家意识到，以脱离情境认知建构和控制实验为特征的学习研究很难解释真实世界中的学习实践，那些源于认知科学的教育教学思想方法，并不能真正有效地指导"不规范且具体"的真实学习。面对这一困境，这些学习研究者纷纷从传统的认知科学一派出走，开始基于真实的学习情境研究学习。1991 年，伴随着《学习科学杂志》的正式发行以及第一届学习科学国际会议在美国西北大学的胜利召开，现代意义上的学习科学宣告形成。该时期的学习科学借鉴了认知科学中已有的研究成果（如理论、模型等）。该阶段仍处于新旧理论更迭时期，使得研究带有明显的传统认知科学的特点，但却是在真实的学习情境中得到检验并进一步完善的。该时期吸引了众多优秀的研究者投身于学习科学研究的初期探索，从这个意义上讲，该时期为学习科学步入正轨搭建了至关重要的平台。

（二）蓬勃发展阶段

自 1996 年开始，学习科学研究逐渐步入正轨，进入了蓬勃发展阶段。该时期的学习科学逐渐从心理学的其他方向及其他学科领域（人类学、工程学）吸纳新的理论和研究方法，比如情境认知理论、建构主义理论、社会文化理论等。这三种代表性理论，虽然均强调情境对学习的重要影响，但各自侧重不同。情境认知理论强调人与真实情境的相互作用，尤其是在真实情境中为学习者提供合法的边缘性参与和实践共同体；建构主义理论虽也提到情境的重要性，提出学习环境的设计要从"情境""协作""会话""意义建构"这四大要素出发，但更强调学习者个人在学习中的主体作用；社会文化理论则强调情境中的社会文化因素对学习的影响，如团队与小组协作学习中的对话。在新的理论和技术的共同作用下，该时期的学习研究表现出强劲的活力，为世界各国制定教育政策及一线的教学实践提供了坚实的科学依据。

该时期欧美发达国家及地区都非常重视学习科学，这一时期的关键事件主要包括：①1999 年，美国国家研究理事会（National Research Council）成立"学习科学发展委员会"工作小组，发布了名为《人是如何学习的：大脑、心理、经验及学校》的研究报告，引起了世界各国对学习科学的关注。该书是学习科学领域第一本里程碑式著作，从较高的层次和整体的角度介绍了学习科学。②经济合作与发展组织（Organisation for Economic Co-operation and Development，OECD）在 1999 年设立了一个教育与创新研究所，组织了全世界范围的学者开展"脑科学和学习科学"研究项目，目的是在教育研究人员、教育决策专家和脑科学研究人员之间建立起密切的合作关系，通过跨学科的合作研究来探明与学习有关的脑活动，从而更深入地理解个体生命历程中的学习过程。③2004 年，美国国家科学基金会（National Science Foundation，NSF）宣布拨款 1 亿美元创建跨学科的"学习科学中心"，并将给予持续巨资支持，随后陆续正式成立 6 个国家级跨学科、跨学校的学习科学研究中心。这些学习科学中心分别从生物、认知、计算机、数学、物理、社会科学、工程以及教育等多种学科交叉的角度来研究学习，甚至还涉及机器学习、学习技术以及所有有关学习的数学分析与模型的研究。上述一系列举措大大推进了学习科学研究和实践的发展。④2006 年，学习科学领域的另一项重要研究成果《剑桥学习科学手册》出版。与《人是如何学习的：大脑、心理、经验及学校》一书相比，该书更深入、明确地阐述了如何对学校教育进行改革。该书的出版也成为一种标志——学习科学共同体已经就学习的一些重要发现达成共识。①

（三）探索升级阶段

进入 21 世纪，日趋成熟的脑成像技术再次推动了认知科学向前迈进，用神经科学的研究方法和技术来研究经典的认知问题，成为学术界的新风向。因此，人们对认知的研究，也实现了从宏观行为到微观神经联结的重大突破。在此思潮影响下，认知神经心理学家开始使用该技术研究人类真实情境下的学习问题。从此，基于脑认知机制的教育实践研究开始引起国际社会的关注，形成与第二个时期并行发展的态势。2007 年，国际心智、脑与教育学会创办了《心智、脑与教育》（*Mind, Brain and Education*）杂志，它成为教育神经科学领域的第一本专业期刊。从此，基于认知神经结构的学习科学研究渐渐兴起，学习科学进入探索升级阶段。OECD 编写的《理解脑：走向新的学习科学》和《理解脑：新的学习科学的诞生》的出版，宣告了将"脑功能、脑结构与学习行为结合起来"研究的"一门新的学习科学"的诞生——教育神经科学（educational neuroscience）。全新的视角也促使人们更加深入地思考"如何更加科学地促进人类有效学习"这一问题。与过去的学习科学研究相比，认知神经科学对学习的研究有几个基本主题，包括学习与记忆、神经元的连通性、工作记忆、大脑中的结构改变、功能相关性等。认知神经科学家试图从分子、细胞甚至基因的水平上对上述问题做出科学解释，进而丰富对阅读、数学等领域的学习的基础认识。而教育与认知神经科学的目的则在于整合脑科学、心理学、教育学的成果，实现脑科学的实证研究成果在解决教育问题时的无障碍应用。②

时至今日，学习科学以研究学习的本质和机制、发展学习的基本理论、创建

---

① 〔美〕R. 基思·索耶. 剑桥学习科学手册[M]. 2 版. 徐晓东，杨刚，阮高峰，等，译. 北京：教育科学出版社，2021：2-3.

② 郑旭东，王美倩. 学习科学：百年回顾与前瞻[J]. 电化教育研究，2017（7）：13-19.

有技术支持的学习环境、探索改进人类学习的方法这四大任务为己任[①]。学习科学已经逐渐形成"以学习基础机制研究为根本、以学习环境设计研究为主体、以学习分析技术研究为保障"的良性研究态势。虽然我国学习科学研究总体水平与欧美国家还有一定差距,但是东南大学、北京师范大学、华东师范大学、北京大学等高校已经建立了学习科学研究中心或者相关的学术机构,而且越来越多的研究机构对此产生了兴趣。[②③]

二、学习科学概述

(一)什么是学习科学

目前对于学习科学的理解和认识普遍采用了美国学习科学家索耶(R. K. Swayer)在《剑桥学习科学手册》一书中所给出的如下界定:学习科学是一个研究教与学的跨学科领域。它的研究范围十分广阔,不仅包括学校课堂情境中的正式学习,也包括家庭内、工作中以及同伴之间所发生的非正式学习。学习科学的目的在于更好地理解哪些认知和社会过程可以产生最有效的学习,并且利用这些知识来重新设计课堂和其他学习环境,使人们可以更有效和深入地进行学习。[④]简而言之,学习科学主要研究人究竟是怎么学习的,怎样才能促进有效学习[⑤]。

发展至今,学习科学已经成为研究人们如何学习以及如何去支持学习的一门学科。它既是一门年轻的学科,其学术团体也是年轻的,其简短的发展史反映了不同学科的研究者对学习和如何支持学习的理解[⑥],其宗旨在于为教育创新提供坚实的科学基础[⑦]。

---

① 郑旭东, 王美倩, 吴秀圆. 学习科学:百年回顾与前瞻[M]. 北京:科学出版社, 2020:116.

② 尚俊杰, 裴蕾丝, 吴善超. 学习科学的历史溯源、研究热点及未来发展[J]. 教育研究, 2018(3):136-145, 159.

③ 尚俊杰, 庄绍勇, 陈高伟. 学习科学:推动教育的深层变革[J]. 中国电化教育, 2015(1):6-13.

④〔美〕R. 基思·索耶. 剑桥学习科学手册[M]. 2版. 徐晓东, 杨刚, 阮高峰, 等, 译. 北京:教育科学出版社, 2021:1.

⑤ 尚俊杰, 裴蕾丝, 吴善超. 学习科学的历史溯源、研究热点及未来发展[J]. 教育研究, 2018(3):136-145, 159.

⑥ 任友群, 赵建华, 孔晶, 等. 国际学习科学研究的现状、核心领域与发展趋势——2018版《国际学习科学手册》之解析[J]. 远程教育杂志, 2020(1):18-27.

⑦〔美〕R. 基思·索耶. 剑桥学习科学手册[M]. 2版. 徐晓东, 杨刚, 阮高峰, 等, 译. 北京:教育科学出版社, 2021:16.

（二）学习科学的关键特征

有研究者指出，学习科学不同于以往任何一个学科，它具有实证性、综合性、跨学科和情境性特点。[①]与过去以心理学为主导的学习研究相比，学习科学具有如下几个方面的关键特征。

1. 把对学习研究的焦点回归到人本身

20 世纪以来，人类对学习的研究主要经历了如下三个发展阶段：①动物是如何学习的。这一阶段关于学习的研究远离学校的教学实践，其代表性观点是人们熟知的行为主义学习理论。该理论流行于 20 世纪早期，适合基本技能的训练和相对低阶的教学。②机器是如何学习的。20 世纪 50 年代，关于学习的研究开始出现"认知转向"，为人类学习的研究提供了一种新思路和新方法。尤其是受到计算机科学的影响，认知心理学家开展了一系列影响深远、意义重大的关于人类记忆和信息加工过程的研究，关于专家和新手的比较研究及关于人类解决问题的研究。这一理论在 20 世纪中期广泛流行，适合基本事实的教学。③人是如何学习的。在认知科学已有研究的基础上，20 世纪 90 年代诞生了一个全新的研究教与学的跨学科领域——学习科学，与前两个阶段相比，学习科学将对学习研究的焦点回归到人自身，"学习是知识建构"是其关于学习本质认识的代表性观点。该理论适合复杂概念、策略学习及高阶思维的教学。这一时期关于学习的研究，超越了经典认知心理学只关注个体学习的狭隘视野，开始将个体的学习置于更广泛的历史、社会、文化等多样化学习情境之中。[②]

2. 倡导在真实的学校和课堂情境中研究学习

相较于过去以实验室为主的对学习的孤立研究，学习科学倡导在真实的学校和课堂情境中研究复杂的学习问题，将科学知识的发现、创新与应用学习科学改进教学实践作为其同等重要的宗旨和目标。

3. 注重学习环境的建构

学习科学不但研究和关注学习的本质（学习究竟是什么）和学习的过程（人

---

① 任友群，赵建华，孔晶，等. 国际学习科学研究的现状、核心领域与发展趋势——2018 版《国际学习科学手册》之解析[J]. 远程教育杂志，2020（1）：18-27.

② 郑旭东，王美倩. 学习科学：百年回顾与前瞻[J]. 电化教育研究，2017（7）：13-19.

是如何学习的），而且非常重视以学生为中心的学习环境的建构，强调运用学习科学的相关知识来重新设计课堂学习及其他学习环境。因此，与过去以心理学为主导的学习研究相比，新的学习科学既是一门研究学习本质、学习过程的基础科学，也是一门应用驱动的、脱胎于工程思想的设计科学，研究和探讨如何建构并促进有意义学习和深度学习的有效环境。[1]

4. 强调"实践问题驱动"的教育科学研究范式

普林斯顿大学的斯托克（D. Stoke）教授在 1997 年提出了科学研究的"象限模型"（图 2-1）：处于第一象限的"纯粹的基础研究"，以波尔（N. H. D. Bohr）的研究为代表；处于第二象限的"应用激发的基础研究"（"实践问题驱动"的基础研究），以巴斯德（L. Pasteur）的研究为代表，故也称为"巴斯德象限"；处于第四象限的"纯粹的应用研究"，以爱迪生（T. A. Edison）的研究为代表。

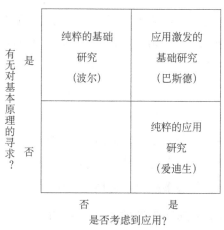

图 2-1　科学研究的"象限模型"[2]

学习科学家认为，学习科学的研究属于"应用激发的基础研究"，因此具有"巴斯德象限"的性质[3]，同时学习科学具有学习理论创新和教学实践变革的双重使命。

---

① 〔美〕R. 基思·索耶. 剑桥学习科学手册[M]. 2 版. 徐晓东，杨刚，阮高峰，等，译. 北京：教育科学出版社，2021：23.

② 〔美〕D. E. 司托克斯. 基础科学与技术创新：巴斯德象限[M]. 周春彦，谷春立，译. 北京：科学出版社，1999：62-64.

③ 〔美〕理查德·E. 梅耶. 应用学习科学——心理学大师给教师的建议[M]. 盛群力，丁旭，钟丽佳，译. 北京：中国轻工业出版社，2016：10-11.

第二节　理解学习的本质

一、脑科学与学习科学研究揭示的学习本质

脑科学的加入令整个学习科学领域面貌一新，也引入了不少行之有效的经验，解答了不少疑团，但也否定了一些没有依据的假设。①尤其是进入 21 世纪，随着脑研究技术的不断发展，脑与认知神经科学关于学习的研究取得了一系列新成果。例如，新的科学研究向教育研究者和教师揭示了"神经元是学习开始的地方"②，学习的基础就在于神经元之间相互联系的改变，学习和记忆的过程以相互联结的神经网络为基础，不断扩展和优化神经网络。学习的过程是新的突触不断形成的过程，学习的本质是建构神经元之间的联结。因此，教育神经科学家从细胞层面给出了学习的定义：学习是大脑对刺激做出反应、建立神经联结，以形成信息加工网络和信息存储装置的过程。③另外，研究还揭示了学习是一个复杂的、受到多种因素影响的过程，是在认知、情绪和生理层面进行多层次信息交流的过程。同时，脑科学研究还是揭示学习与情绪、运动及睡眠之间密切关系的有力证据。

（一）长期以来，人们忽视了情绪对于学习的重要影响和作用

在人类对自身学习过程的理解和认识中，情绪通常被认为对学习起辅助作用，甚至被经常作为一种破坏性的力量，即认为情绪干扰了学习。因此，教师或家长经常会期望或要求学生"清空杂念"，进而专心学习。④

---

① 任友群，赵建华，孔晶，等. 国际学习科学研究的现状、核心领域与发展趋势——2018 版《国际学习科学手册》之解析[J]. 远程教育杂志，2020（1）：18-27.

② 〔美〕埃里克·詹森. 适于脑的教学[M]. 北京师范大学"认知神经科学与学习"国家重点实验室，脑科学与教育应用研究中心，译. 北京：中国轻工业出版社，2005：13-17，99-100.

③ 经济合作与发展组织. 理解脑：新的学习科学的诞生[M]. 周加仙，等，译. 北京：教育科学出版社，2010：33.

④ 〔美〕舒飒. 心智、脑与教育：教育神经科学对课堂教学的启示[M]. 周加仙，等，译. 上海：华东师范大学出版社，2013：60.（注：舒飒和苏泽均为 D. A. Sousa，翻译不同，特做说明）

近年来，随着脑科学和教育神经科学研究的不断深入，人们越来越深刻地认识到脑认知和情绪不是分离的系统，两者在大脑结构和功能上不仅密切相关[①]，而且相互依赖、相互作用，共同支持或抑制学习[②]。正如丹麦学习实验室的伊列雷斯（K. Illeris）教授指出的，"近年来的脑科学研究也已经贡献了一些成果，在一些重要方面能够补充和纠正学习以及其他领域中现有的心理学理论。其中最有关键性重大意义的发现恐怕是——在一个正常和健康的脑中，我们通常称之为'理智'的过程，不能离开我们称之为'情绪'的东西独立发挥功能"[③]。事实上，研究者发现，情绪几乎会影响学生的整个认知过程，包括注意、记忆、解决问题、决策等。[④]

这一系列研究成果告诫学校管理者及教师在教学中不能再把学习和情绪分开考虑，更不能把情绪作为一种破坏性、干扰性的力量。科学的教学应该将情绪与正在建构的认知知识结合起来，而不是设法消除或者超越情绪。[⑤]

（二）运动能够促进学习

蒙台梭利（M. Montessori）很早就指出了运动在认知和学习中的重要性：我们这个时代最大的错误就是把运动当作运动本身，当作与其他高级功能分离的东西……心智的发展与我们的运动有紧密关联，并且心智发展可能依赖个体运动的发展。[⑥]

近年来，脑科学研究结果不断表明，运动对于学习和记忆非常重要。运动能增加通过脑部及全身的血液流量，而脑中血量充足对海马体（形成长期记忆的区域）有效地发挥功能尤其重要。因此，运动能够激活更多的长时记忆区域，从而

① 〔美〕玛丽亚·哈迪曼. 脑科学与课堂：以脑为导向的教学模式[M]. 杨志，王培培，等，译. 上海：华东师范大学出版社，2018：51.
② 〔美〕舒飒. 心智、脑与教育：教育神经科学对课堂教学的启示[M]. 周加仙，等，译. 上海：华东师范大学出版社，2013：55.
③ 〔丹〕克努兹·伊列雷斯. 我们如何学习：全视角学习理论[M]. 2版. 孙玫璐，译. 北京：教育科学出版社，2014：14.
④ 伍海燕，王乃弋，罗跃嘉. 脑、认知、情绪与教育：情绪的神经科学研究进展及其教育意义[J]. 教育学报，2012（4）：48-54.
⑤ 〔美〕舒飒. 心智、脑与教育：教育神经科学对课堂教学的启示[M]. 周加仙，等，译. 上海：华东师范大学出版社，2013：11-12，55，57-60.
⑥ 〔美〕玛丽亚·哈迪曼. 脑科学与课堂：以脑为导向的教学模式[M]. 杨志，王培培，等，译. 上海：华东师范大学出版社，2018：14.

帮助学习者在以往的学习与新的学习之间建立更多的联系。研究发现，运动还能触发脑中释放出一种对神经系统最有益的化学物质——脑源性神经营养因子（brain-derived neurotrophic factor，BDNF），有了这种蛋白质，幼小神经元才得以保持健康，新生神经元才得以顺利成长，脑部的海马区对此的反应最敏锐。学习速度和 BDNF 水平有直接关系。德国的一项研究发现，人们在运动后学习词汇的速度比运动前提高了 20%。①还有相关研究表明，每天参与体育运动的孩子和那些没有每天参与体育运动的孩子相比，能够表现出更好的运动适应性，学习成绩更好，对学习的态度也更加积极②。

运动不但能够增强记忆，还与脑容量的增加、细胞增殖、认知加工以及情绪调节有着很强的关联，这极大地挑战了"让学生坐着听课"的传统课堂设置。③

（三）睡眠对于学习和记忆非常重要

近年来，脑科学从行为层面到分子层面的研究不断表明，睡眠对于学习和记忆非常重要。研究发现，脑在睡眠时非常活跃，仍然能对最近的经验重新进行"离线"加工——睡眠有利于维持神经元之间的有效联结，能够强化突触间的主要神经联结、剪除次要神经联结。因此，睡眠有利于人类记忆的形成。④

睡眠不但能够加深记忆，还能提高身体机能和促进深层理解。研究者认为，睡眠至少能给学习带来两大好处：一方面，睡眠能使人恢复精气神，醒来的时候思维会更加敏捷，有助于学习新事物；另一方面，睡眠能够巩固白天的记忆，将其转化为长时记忆。这个过程不只是强化，还能增加个体从记忆中找出潜在规律的概率。⑤

---

① 〔美〕大卫·苏泽，等. 教育与脑神经科学[M]. 方彤，黄欢，王东杰，译. 上海：华东师范大学出版社，2014：26-27；〔美〕约翰·瑞迪，〔美〕埃里克·哈格曼. 运动改造大脑[M]. 浦溶，译. 杭州：浙江人民出版社，2013：37.

② 〔美〕埃里克·詹森. 适于脑的教学[M]. 北京师范大学"认知神经科学与学习"国家重点实验室，脑科学与教育应用研究中心，译. 北京：中国轻工业出版社，2005：99-100.

③ 〔美〕舒飒. 心智、脑与教育：教育神经科学对课堂教学的启示[M]. 周加仙，等，译. 上海：华东师范大学出版社，2013：11-12，55，57-60.

④ 经济合作与发展组织. 理解脑：新的学习科学的诞生[M]. 周加仙，等，译. 北京：教育科学出版社，2010：84-85.

⑤ 〔美〕丹尼尔·L. 施瓦茨，〔美〕杰西卡·M. 曾，〔美〕克里斯滕·P. 布莱尔. 科学学习[M]. 郭曼文，译. 北京：机械工业出版社，2018：400-401.

因此，研究者认为对于学生而言，高效的睡眠可以让其更好地记住当天在学校学到的信息和技能。睡眠剥夺和睡眠困难与学业成绩不良之间密切相关，即那些睡眠被剥夺的学生比睡眠时间长的学生成绩差，也更有可能变得抑郁。[①] "斯坦福黄金法则"中则提出了"要学好，先睡饱"的高效学习建议。[②]

（四）脑的可塑性与终身学习

科学家将脑适应环境要求的能力称为可塑性。最初人们以为，只有婴儿的脑才具有可塑性，然而过去 20 年脑与神经科学的研究数据表明，脑与神经的可塑性可以持续终生。另外，过去科学家们认为神经元是唯一不会再生的体细胞，个体神经元的数量一直在不断减少。但在 20 世纪 90 年代，研究者发现在某些脑区（例如与学习和记忆密切相关的海马区）一生都能产生新的神经元。神经元的产生和消亡使脑的结构在一生中都能发生变化。在人的一生中，在脑加工环境信息之时，最活跃的神经联结不断增强，最不活跃的神经连接不断减弱。随着时间的推移，不活跃的神经联结越来越弱。当整个神经元的所有联结都不活跃时，脑细胞就会消亡。与此同时，活跃的神经联结则会越来越强。通过这种机制，脑就能不断适应环境，也就发展出了最佳的脑结构。[③]进一步的研究表明，良好的营养和有规律的练习以及保持低压力水平，能够增强神经元的再生能力。[④]而且，睡眠对神经可塑性起着非常关键的作用。也就是说，睡眠有利于维持神经元间的有效联结，能够强化突触间的主要神经联结，修剪次要的神经联结。[⑤]

由于可塑性是学习的基础，因此"脑具有终身可塑性"这一振奋人心的研究成果进一步表明人的一生都可以持续不断地学习，不过不同年龄阶段的学习

[①] 经济合作与发展组织. 理解脑：新的学习科学的诞生[M]. 周加仙，等，译. 北京：教育科学出版社，2010：85；〔美〕舒飒. 心智、脑与教育：教育神经科学对课堂教学的启示[M]. 周加仙等，译. 上海：华东师范大学出版社，2013：14.

[②] 〔美〕丹尼尔·L. 施瓦茨，〔美〕杰西卡·M. 曾，〔美〕克里斯滕·P. 布莱尔. 科学学习[M]. 郭曼文，译. 北京：机械工业出版社，2018：400.

[③] 经济合作与发展组织. 理解脑：新的学习科学的诞生[M]. 周加仙，等，译. 北京：教育科学出版社，2010：40-41.

[④] 〔美〕舒飒. 心智、脑与教育：教育神经科学对课堂教学的启示[M]. 周加仙，等，译. 上海：华东师范大学出版社，2013：13.

[⑤] 经济合作与发展组织. 理解脑：新的学习科学的诞生[M]. 周加仙，等，译. 北京：教育科学出版社，2010：85

方式可能不同。随着人类逐步进入老龄化社会，一些国家正在基于脑科学的研究探寻通过学习来延缓老化导致的认知能力下降问题。例如日本研究者针对老年痴呆，引入了学习疗法，研究发现，患者在接受学习疗法后会收到较好的效果。①

拓展阅读 2-1：情绪与学习

两千多年以前柏拉图就提出"所有学习都有情绪基础"。但是直到近年来随着脑科学和教育神经科学研究的不断深入，才有越来越多的证据表明情绪的确会影响神经组织的结构，神经生理学和教育学领域的专家都一致认为：学习是在认知、情绪和生理层面进行多层次信息交流的过程。②目前人们越来越认识到：情绪和认知学习不是彼此独立的实体，它们事实上相互影响。③

1. 人脑加工情绪的主要部分：边缘系统

研究表明，人脑的情绪反应是从脑的边缘系统开始的。边缘系统被公认为大脑的情绪中心，但同时又与学习和记忆密切相关。④边缘系统包括海马体、杏仁核、丘脑等重要器官。海马体与人的记忆，尤其是长时记忆密切相关——来自工作记忆的信息在此通过电信号传导的方式转入长时记忆；边缘系统中的另一个重要核心叫作杏仁核，研究发现杏仁核在情感（尤其是令人不愉快的情感，如恐惧、压力、愤怒、沮丧）和自动情绪反应（如攻击）中具有重要作用。研究表明，海马体和杏仁核共同影响着人类的记忆。

2. 情绪对学习的影响非常大

长期以来人们一直认为情绪是无理性的，和人类的思维方式无关⑤。但近

---

① 经济合作与发展组织. 理解脑：新的学习科学的诞生[M]. 周加仙，等，译. 北京：教育科学出版社，2010：85.

② 经济合作与发展组织. 理解脑：新的学习科学的诞生[M]. 2 版. 周加仙，等，译. 北京：教育科学出版社，2014：70.

③ 〔美〕唐娜·沃克·泰勒斯通. 提升教学能力的 10 项策略：运用脑科学和学习科学促进学生学习[M]. 李海英，译. 北京：教育科学出版社，2017：1.

④ 经济合作与发展组织. 理解脑：新的学习科学的诞生[M]. 周加仙，等，译. 北京：教育科学出版社，2010：70.

⑤ 〔美〕埃里克·詹森. 适于脑的教学[M]. 北京师范大学"认知神经科学与学习"国家重点实验室，脑科学与教育应用研究中心，译. 北京：中国轻工业出版社，2005：91.

年来脑与学习科学的已有研究不断表明，在一个正常和健康的脑中，我们通常称之为"理智"的过程，不能离开我们称之为"情绪"的东西而独立发挥功能[①]。事实上研究者发现，情绪几乎会影响学生的整个认知过程，包括注意、记忆、解决问题、决策等[②]，积极的情绪能够提高学生的注意广度、整体性思维和创造性思维。[③]

3. 要注重培养学生的情绪调节能力

今天的许多教育工作者已经开始意识到：人的认知和情绪是不可分离的整体系统，学校教学中不能再把学习和情绪分开来考虑。[④]因此，对于教育工作者及家长而言，不能仅仅关注学生的学业表现，而忽视他们的情绪。一个孩子识别、理解、管理情绪的能力对他的社会行为和学术能力都具有长期而重要的影响。[⑤]对于一个高效的学习者来说，情绪调节能力是一项必修的技能，也是情绪智力中最重要的成分。情绪调节不仅能够影响简单的情绪表达，还会影响许多复杂的因素，还能促进（或干扰）人的心理功能，例如注意集中能力、问题解决能力、关系维持能力等。[⑥]

相关微视频请参阅：中国大学 MOOC"应用学习科学改进教学策略"[⑦]

二、梅耶关于学习的三个"隐喻"

美国著名学习科学大师梅耶关于学习的三个隐喻影响广泛。

---

① 〔丹〕克努兹·伊列雷斯. 我们如何学习：全视角学习理论[M]. 2 版. 孙玫璐，译. 北京：教育科学出版社，2014：14.

② 伍海燕，王乃弋，罗跃嘉. 脑、认知、情绪与教育——情绪的神经科学研究进展及其教育意义[J]. 教育学报，2012（4）：48-54.

③ 〔美〕玛丽亚·哈迪曼. 脑科学与课堂：以脑为导向的教学模式[M]. 杨志，王培培，等，译. 上海：华东师范大学出版社，2018：40.

④ 〔美〕舒飒. 心智、脑与教育：教育神经科学对课堂教学的启示[M]. 周加仙，等，译. 上海：华东师范大学出版社，2013：55.

⑤ 〔美〕玛丽亚·哈迪曼. 脑科学与课堂：以脑为导向的教学模式[M]. 杨志，王培培，等，译. 上海：华东师范大学出版社，2018：50-51.

⑥ 经济合作与发展组织. 理解脑：新的学习科学的诞生[M]. 周加仙，等，译. 北京：教育科学出版社，2010：71.

⑦ https://www.icourse163.org/course/icourse-1003589005.

（一）隐喻1：学习即强化反应

该隐喻是经典的行为主义学习理论观点，流行于 20 世纪早期，适合于基本技能的训练。它认为学习是指一个刺激和一个反应之间联系的增强或削弱。行为主义学习理论拒绝对学习者内在的学习过程进行推测，他们只研究外显的、可以观察到的行为，只适合解释相对简单的学习活动（低阶/浅层教学目标）。也正因为如此，在高级技能的教学设计活动中，行为主义的作用有限。

（二）隐喻2：学习即获得知识

该隐喻认为学习就是"增强学习者记忆中的知识输入量"[①]。教师的角色就是向学生呈现信息，学习者的角色则是接受并存储这些信息。该隐喻强调教师是信息的传播者，学生是信息的接收者；学习者的记忆是一个空的容器，需要教师传递信息来将它填满。这种对学习的理解在 20 世纪中期广泛流行，适合基本事实的教学。

（三）隐喻3：学习即知识建构

这是典型的建构主义学习观，该隐喻认为学习是"学习者主动建构自身心理表征并由此做出推断的过程……主动学习发生于学习者在学习过程中进行恰当的认知加工"[②]。学习者的角色是理解呈现的材料的意义，教师的角色是扮演认知指导者，在学习过程中帮助学习者进行认知加工。该隐喻在 20 世纪后期广泛流行，适合复杂概念和策略的教学。

梅耶还特别强调，这三种学习领域都建立在研究的基础上，每一种隐喻都曾对学习科学产生重要的影响，并推动了教育实践的发展。梅耶认为每一种学习隐喻都将持续影响学习理论和教育实践的发展，学习即强化反应的隐喻与认知技能的学习密切相关；学习即知识获得的隐喻与事实学习的关系最为密切；学习即知识建构的隐喻则与概念和策略的学习融为一体。[③]

---

① 〔美〕理查德・E. 梅耶. 应用学习科学——心理学大师给教师的建议[M]. 盛群力, 丁旭, 钟丽佳, 译. 北京：中国轻工业出版社, 2016：22.
② 〔美〕理查德・E. 梅耶. 应用学习科学——心理学大师给教师的建议[M]. 盛群力, 丁旭, 钟丽佳, 译. 北京：中国轻工业出版社, 2016：23.
③ 〔美〕理查德・E. 梅耶. 应用学习科学——心理学大师给教师的建议[M]. 盛群力, 丁旭, 钟丽佳, 译. 北京：中国轻工业出版社, 2016：23.

三、伊列雷斯的全视角学习理论

随着脑科学和学习科学研究的不断发展，关于学习本质的认知不断深入，其中一个重要的共识就是"学习被理解为一种宽广领域和复杂的范畴"①，"学习是一种复杂的系统现象"②。

为了能够较为清晰地认识和描述学习的复杂性，丹麦学习科学家伊列雷斯在整合了关于学习研究的众多已有成果的基础上，提出了一个理解学习的综合性框架——"全视角学习理论"（图2-2）。③伊列雷斯认为，三个维度构成了所有学习的部分：内容、动机和互动。这也意味着学习总是同时在一个个体、人际交往以及社会性的水平上完成的，学习结果有着一种个体现象的特征，但它总是被打上人际交往和社会性的印记④。在该理论立场上，伊列雷斯强调自己是从本质为建构主义的立场上建构起来的。因此，学习被认为是一种内部的心理过程和个体与其环境之间社会互动过程的整合⑤。

上述关于学习的三个维度揭示了学习的广泛性和多样性：①内容维度是关于"我们学习什么的"，是传统学习研究者主要关注的部分，也是我们日常谈论学习时的直接关注点，包含知识、理解和技能三个方面。内容维度寻求的是建构意义和掌握知识与技能，从而强化了我们的功能性。②动机维度涉及学习所需心智能量的运用，包括动力、情绪和意志，寻求的是维持人的心智和身体（包括情绪）平衡，与此同时发展我们的敏感性。③互动维度涉及个体与其所处社会、物理及文化等环境之间的互动，包括活动、对话和合作，其寻求的是实现我们认为可以接受的人际交往与社会的整合，与此同时发展我们的社会性。⑥此外，不可忽视

---

① 〔丹〕克努兹·伊列雷斯. 我们如何学习：全视角学习理论[M]. 2版. 孙玫璐，译. 北京：教育科学出版社，2014：122.

② 任友群，赵建华，孔晶，等. 国际学习科学研究的现状、核心领域与发展趋势——2018版《国际学习科学手册》之解析[J]. 远程教育杂志，2020（1）：18-27.

③ 〔丹〕克努兹·伊列雷斯. 我们如何学习：全视角学习理论[M]. 2版. 孙玫璐，译. 北京：教育科学出版社，2014：26.

④ 〔丹〕克努兹·伊列雷斯. 我们如何学习：全视角学习理论[M]. 2版. 孙玫璐，译. 北京：教育科学出版社，2014：273.

⑤ 〔丹〕克努兹·伊列雷斯. 我们如何学习：全视角学习理论[M]. 2版. 孙玫璐，译. 北京：教育科学出版社，2014：280.

⑥ 〔丹〕克努兹·伊列雷斯. 我们如何学习：全视角学习理论[M]. 2版. 孙玫璐，译. 北京：教育科学出版社，2014：26-30.

的是，所有学习总是发生在一个外部的社会情境之中。

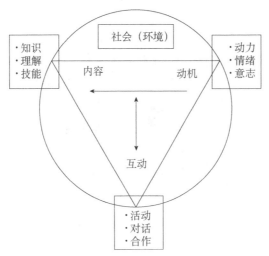

图 2-2 伊列雷斯的"全视角学习理论"

拓展阅读 2-2：现实中学习者对于学习的理解和认识

在研究和理论层面，近三十年来学习科学关于学习本质、学习过程等的已有研究成果揭示了全新的对于学习内涵的整体性理解，然而对于大部分的实践者和教育政策制定者而言，其对于学习的理解和认识仍然较为狭隘和陈旧，已成为制约学习科学被广泛接受和应用的阻碍因素。例如，从本研究团队运用 NVivo 软件对主持的中国大学 MOOC 教师教育在线开放课程《应用学习科学改进教学策略》①讨论区教师"对学习的理解和认识"文本分析的结果来看（图 2-3 和图 2-4），"知识的获得与技能的训练"仍然是大部分学员所持的学习观。这样陈旧、落后的学习观必然直接影响其教学观、教学策略的选择以及教育政策的制定，成为以学习者为中心教育教学系统变革的制约因素。②

---

① 由梁林梅教授主持的中国大学 MOOC "应用学习科学改进教学策略"教师教育在线开放课程（https://www.icourse163.org/course/icourse-1003589005）。

② 梁林梅，蔡建东，耿倩倩. 学习科学研究与教育实践变革：研究方法论的创新和发展[J]. 电化教育研究，2022（1）：39-45，62.

知识
学习
获得
掌握
理解
技能
过程
学生
记忆
教师
能力
能够
实践
东西
认真
提高
一定
阅读
努力
基础
吸收
建构
重复
课堂
进行
需要
练习
完成
机械
内容
运用
记住
训练
听讲
经验
行为
方式
教学
简单
形成
反复
老师
了解
任务
课本
学会
产生
不断
积累
巩固
单纯
研究
获取
学习者
传授
途径
方法
一些
一个
个人

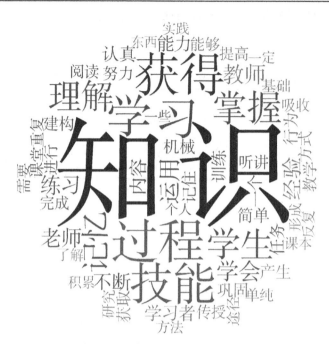

图 2-3 教师学习观之词云图

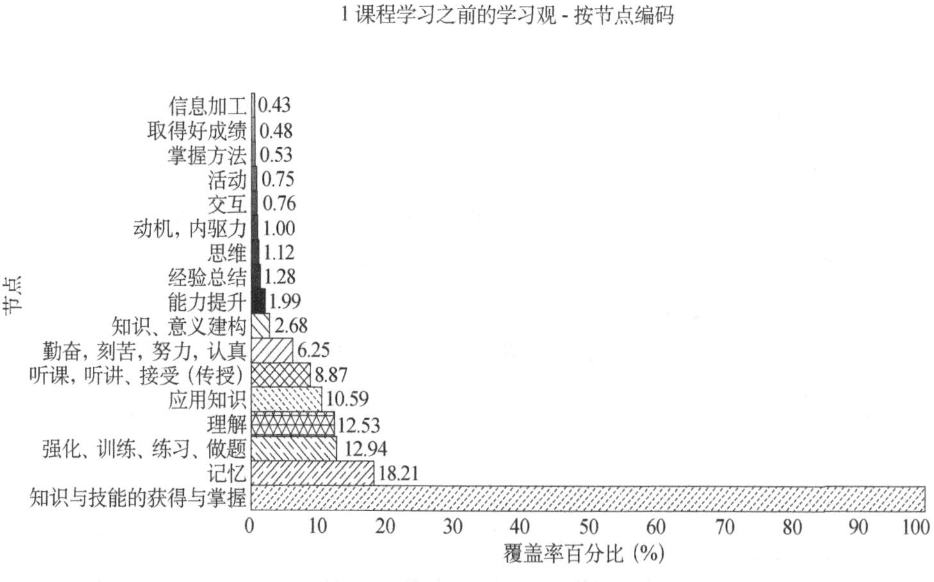

1 课程学习之前的学习观 - 按节点编码
节点
信息加工 0.43
取得好成绩 0.48
掌握方法 0.53
活动 0.75
交互 0.76
动机，内驱力 1.00
思维 1.12
经验总结 1.28
能力提升 1.99
知识、意义建构 2.68
勤奋，刻苦，努力，认真 6.25
听课，听讲、接受（传授） 8.87
应用知识 10.59
理解 12.53
强化、训练、练习、做题 12.94
记忆 18.21
知识与技能的获得与掌握
0 10 20 30 40 50 60 70 80 90 100
覆盖率百分比（%）

图 2-4 教师学习观节点编码

第三节 学习科学与教学实践关系的发展

一、学习研究与教学实践关系发展的三个阶段

梅耶曾经指出，"作为学校教师，如果想帮助学生学习，如果能够对于学生如何开展学习做到心中有数的话，就会获益良多"①。然而，如何在学习研究和教学实践之间架起有效应用的桥梁，却是一百多年来困扰人们的难题。

1899年，美国著名心理学家詹姆斯（W. James）在《和教师的谈话》一书中谈道："教师要想在专业上获得长远的发展，要想在工作中体现出更大的热诚，那么，就越来越需要心理学家弄清楚一些基本的原理……例如，有关心智如何开展运作的知识能使得教师负责的几个班级的课堂管理工作，变得更加轻松且高效。心理学理应给教师提供很大的帮助……"然而詹姆斯发现当时一线教师所处的现实却是，"实际结果却让教师们有些失望……如果你觉得心理学，即研究心智规律的科学，能够在课堂中立竿见影地得出明确的教学方案、教学计划和教学方法，那就大错特错了"。究其原因，一是因为心理学研究人员未能提供与教育密切相关的学习科学，二是因为学习科学难以直接转化成一线教师需要的教学策略和教学方案。②

若干年后，梅耶再次分析了将学习理论、学习科学研究成果转化为教学实践的问题，认为远没有人们初期想象的那么直接和简单，他总结了一百年来学习研究和教学实践两者之间关系发展所经历的三个阶段：单行线、死胡同和双向道③（表2-1）。

表2-1 学习研究和教学实践两者关系发展的三个阶段

阶段	时间段	描述
单行线	20世纪早期	基础研究者建立学习科学，实践工作者将其应用到学习中。但结果却发现这种单行线的方式无法解决实际问题。究其原因：一是因为当时的心理学家群体自身在学习理论上难以达成一致；二是这些有限的理论无法直接应用于教学实践

① 〔美〕理查德·E. 梅耶. 应用学习科学——心理学大师给教师的建议[M]. 盛群力，丁旭，钟丽佳，译. 北京：中国轻工业出版社，2016：原著序Ⅶ.

② 〔美〕理查德·E. 梅耶. 应用学习科学——心理学大师给教师的建议[M]. 盛群力，丁旭，钟丽佳，译. 北京：中国轻工业出版社，2016：原著序Ⅸ.

③ 〔美〕理查德·E. 梅耶. 应用学习科学——心理学大师给教师的建议[M]. 盛群力，丁旭，钟丽佳，译. 北京：中国轻工业出版社，2016：8-9.

续表

阶段	时间段	描述
死胡同	20 世纪中期	基础研究者忙于在人为的实验情境下构筑自己的学习理论，例如研究老鼠如何走迷宫，而应用研究者（教学实践者）根本看不上这些研究成果；应用研究者则关注什么样的教学策略、方法是最有效的，至于这些教学方法究竟是如何起作用的，则不予深究，这种做法同样也被基础研究者所鄙视。简而言之，这一时期致力于学习科学研究的心理学家与关注教育科学的教育工作者之间并没有多少交流
双向道	20 世纪后期至今	心理学家与教育工作者之间开始趋向于寻求一种互惠互利的交流关系：心理学家逐渐将其研究领域扩大到了真实的学习情境中，教育工作者开始重视心理学的相关研究，并要求学习科学的研究者建构一种学习理论，以解释真实教学情境中的学习问题

回顾国内学习科学的发展历程，自 21 世纪初期韦钰院士、高文教授等老一辈科学家和教育研究者共同将国外关于脑科学与学习科学的最新研究成果引入国内起[1][2]，经过众多教育研究者和决策者的持续努力，学习科学日益被广大实践者所熟悉和接受，学习科学正在成为教育教学实践变革的新引擎，在教育教学改革中引入学习科学是无可争议的立场[3]。可以说，当前学习科学正在从学术研究的殿堂走向教育教学变革的实践，学习科学研究和教学实践之间的关系正在向第三个互惠互利的双向道阶段迈进[4][5]。

尽管学习科学从 20 世纪末期已经进入双向道阶段，发展了几十年，但是学习科学研究和教学实践之间依旧存在较大的鸿沟：《剑桥学习科学手册》主编、美国知名学习科学家索耶提到："学习科学研究迄今已开展近 30 年，人们开始相信那些基于学习科学的学校和教师能给学生带来更有效的学习。但现实中学校却依然维持着几十年前的做法，学习科学研究与教学实践之间仍然存在脱节的现象"[6]；美国国家教师专业发展委员会前任主席苏泽（D. A. Sousa）也曾感慨："几百年来，教师们传道授业却并不太了解人脑究竟是如何运作的……教学就像

① 韦钰. 要研究学习的科学[J]. 教师博览，2001（10）：17.

② 高文. 面向新千年的学习理论创新[J]. 全球教育展望，2003（4）：26-31.

③ 任友群，裴新宁，赵健，等. 学习科学：为教学改革带来了新视角[J]. 中国高等教育，2015（2）：54-56.

④ 梁林梅，李志. 从学习科学到教学实践变革——教师学习科学素养提升的关键概念与有效教学策略[J]. 现代教育技术，2018（12）：13-20.

⑤ 梁林梅，蔡建东，周雅格. 学习科学到教学实践变革——"转化者"的角色与作用分析[J]. 现代教育技术，2020（2）：28-35.

⑥ 陈家刚，杨南昌. 学习科学新近十年：进展、反思与实践革新——访国际学习科学知名学者基思·索耶教授[J]. 开放教育研究，2015（4）：4-12.

早期的医学，实质上是一种艺术形式。"①苏泽基于自己多年将学习科学应用于学校教学实践的经验，指出将实验室的研究成果应用于实践并最终使课堂和学校发生转变，需要一个长期坚持不懈的历程。②

在将学习科学（包括脑科学、教育神经科学）的理论成果应用于改进学校教学实践方面，国内外研究者和教育专业人员已进行了一些初步探索。梅耶呼吁将学习科学最重要的主张和观点向"入门者"普及，加强"应用学习科学"的研究和实践，即"运用我们所了解的人是如何开展学习的知识，去开发有实证依据的教学方法（策略）来帮助人学习"，并且要在学习理论和教学实践二者之间能够形成"应用学习科学"和"拓展学习科学"互惠互促的深度合作（图 2-5）③；德国乌尔姆大学成立了神经科学与学习转化中心，以开展神经科学知识与教学方法相结合的研究；荷兰科学委员会和荷兰教育、文化与科学部协商建立了脑科学与学习委员会，启动了一系列活动来激励脑科学、认知科学、教育科学以及教学实践领域工作者之间进行主动积极的交流④。在我国，许多学者一直致力于在学习科学研究和教学实践之间架起桥梁。比如北京大学学习科学实验室和北京市海淀区教育科学研究院、北京教育学院朝阳分院以及各地实验学校的老师们近些年来一直在探索"提升教师学习科学素养，促进学习科学与课堂教学融合"。

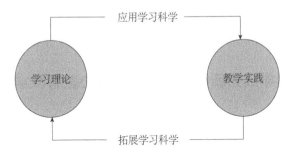

图 2-5 学习理论与教学实践之间的互惠互促的深度合作

① 〔美〕舒飒. 心智、脑与教育：教育神经科学对课堂教学的启示[M]. 周加仙，等，译. 上海：华东师范大学出版社，2013：导论.

② 〔美〕苏泽. 天才脑与学习[M]. "认知神经科学与学习"国家重点实验室，脑与教育应用研究中心，译. 北京：中国轻工业出版社，2005：绪论.

③ 〔美〕理查德·E. 梅耶. 应用学习科学：心理学大师给教师的建议[M]. 盛群力，丁旭，钟丽佳，译. 北京：中国轻工业出版社，2016：6.

④ 经济合作与发展组织. 理解脑：新的学习科学的诞生[M]. 周加仙，等，译. 北京：教育科学出版社，2010：174-184.

在推动将学习科学的学术成果应用到教学实践方面，研究者发现除了学校和教师因素之外，教育政策的制定者也非常关键："学习科学家通常对'人如何学习'已有相当多的认识，但对教育政策、学校改革和机构变革所知不多……学习科学（脑科学）不能解决政策问题。"[1]鉴于"学习科学家不善于用教育者可理解的话语来传达关于脑与学习的研究成果，而现有教师由于知识结构的问题尚不具备开发基于脑的教学策略的能力"[2]，哈佛大学教授费希尔（R. Fischer）建议在二者之间加入一类"中介者"或"转换桥梁"的角色，并将该角色称为整合学习科学、教学实践与教育政策的"教育工程师"（图2-6），其职责在于"专门负责创建实践和研究之间的有用联结"[3]，帮助教师理解和接受新的学习科学的研究成果，并鼓励和支持教师在教学中运用。

图2-6　教育工程师的桥梁角色

二、学习科学成为新时代以学生为中心教育教学变革的新基础

对于许多教育管理者及一线教师来讲，"学习科学"还是一个比较陌生的概念；对于新时代的教师专业发展和以学生为中心的教育变革而言，它至关重要。近年来，随着脑科学、人工智能、大数据、深度学习等技术的快速发展，美国、英国、法国、澳大利亚等发达国家都将学习科学确立为教育政策的关键。尤其进入21世纪，学习科学已成为诸多发达国家或地区教育实践变革的重要理论基

---

① 陈家刚，杨南昌. 学习科学新近十年：进展、反思与实践革新——访国际学习科学知名学者基思·索耶教授[J]. 开放教育研究，2015（4）：4-12.

② 高振宇. 教育神经科学视野下教师专业的重构与发展[J]. 全球教育展望，2015（11）：95-103.

③〔美〕费希尔. 心智、脑与教育：创建教育的科学基础[A]//〔美〕舒妲. 心智、脑与教育：教育神经科学对课堂教学的启示[M]. 周加仙，等，译. 上海：华东师范大学出版社，2013：译丛总序1-10.

础，正在成为一线教师进行以学生为中心教学实践创新的重要理论基础。充分借鉴和利用学习科学的已有研究成果来提高学校教学的科学性与有效性，并促进教师的专业发展，已成为一种广泛共识。学者呼吁："需要将学习科学和教师的经验结合起来，去创造一个让所有孩子都能有效学习的优质课堂"①；香港大学原副校长程介明教授认为：教师专业发展的根本是以学生为重，以"学习"为主线索，经验与科学相结合。学习科学是教师专业发展的支撑，如果没有这个支撑，经验也许就停留在经验；如果加上学习科学的支撑，就不仅仅只是经验，而是成为教师可以举一反三并广泛运用的理论。学习科学的研究成果，可以拿来支撑、确定、修订、否定、改进一些传统教学观念，也可以开创一些新的教学理念②；对于新时代我国教育教学改革而言，应以学习者为中心，引入学习科学是无可争议的立场③。学习科学的研究和实践符合新时代我国教育改革和发展的新要求与新目标，学习科学的使命之一是让我们关注到真实课堂中学生的学习……学习科学不仅仅是一个理论，最后一定要落地到中小学的日常教学④。钟启泉先生在《解码教育》一书中谈道："20 世纪 90 年代初，脱胎于认知科学的当代学习科学新进展为我们揭示了诸多变革学习概念的视点……在我国教育学术界，这种学习科学以其崭新的概念框架及其研究证据，正以摧枯拉朽之势把陈腐不堪的凯洛夫教学思想体系化为齑粉。从行为主义走向社会建构主义的教学研究与实践，已势不可挡。"⑤北京大学学习科学实验室执行主任尚俊杰等也呼吁：高水平教师需养成学习科学素养。在教师培养上应提升学习科学素养，促进学习科学与课堂教学融合。⑥经过 21 世纪以来国内众多教育研究者和教育管理者的持续努力，学习科学正在从学术研究的殿堂走向教育教学变革的实践，正在被越来越多的实践者了解、熟悉和接受，尤其是在国内教育发达地区，一场以学习科学为引领的课堂变革正在悄然进行，学习科学正在成为推动新时代以学生为中心教育教学实践变革的新引擎。

---

① 〔美〕舒飒. 心智、脑与教育：教育神经科学对课堂教学的启示[M]. 周加仙，等，译. 上海：华东师范大学出版社，2013：2.

② 程介明. 学习的专业 专业的学习[J]. 北京教育（普教版），2017（4）：13-14.

③ 任友群，裴新宁，赵健，等. 学习科学：为教学改革带来了新视角[J]. 中国高等教育，2015（2）：54-56.

④ 任友群. 教育教学改革要睁眼看世界[N]. 中国教育报，2014-03-10（12）；任友群，裴新宁，赵健，等. 学习科学：为教学改革带来了新视角[J]. 中国高等教育，2015（2）：54-56.

⑤ 钟启泉. 解码教育[M]. 上海：华东师范大学出版社，2020：2.

⑥ 尚俊杰，裴蕾丝. 高水平教师需养成学习科学素养[N]. 光明日报，2018-09-08（6）.

回顾 21 世纪以来推动学习科学及脑科学研究从学术殿堂走向教学实践变革的主要因素，可以归纳为如下三个方面[①]。

（一）脑研究技术及脑科学研究教学应用成果的爆发式增长

学习科学的发展离不开日益丰富的脑研究技术及脑科学研究的重要支撑。"脑研究在近年来有了井喷式的进展，由于有了先进的新技术，可以帮助我们理解某些诸如学习、思维以及记忆工作的途径和方式"[②]，脑科学研究能够从基础科学的层面上揭示学习的生物学机制，从而确保教育的实践建立在真正科学的基础之上[③]。

推动近年来脑科学研究成果爆发式增长的首要动力是脑研究技术的发展。除了公众比较熟悉的使用外置于头部的电极来检测脑电波的脑电图（electroencephalogram，EEG），还包括借助于测量大脑磁场来分析大脑活动的脑磁图（magnetoencephalography，MEG），利用放射性示踪剂测量大脑能量消耗的正电子发射体层扫描（positron emission tomography，PET），利用无线电波和磁体形成大脑内部精细影像的磁共振成像（magnetic resonance imaging，MRI），通过检测血液的氧含量来精确检测大脑和神经递质活动的功能性磁共振成像（functional magnetic resonance imaging，fMRI）技术等。[④]这些新的脑研究技术为人类更加深入地了解脑的功能和结构提供了新的可能，同时也为学习和教育变革提供了更加坚实、有力的技术支撑。正如北京师范大学原校长董奇指出的："21世纪的科学有很多重要趋势，其中一个趋势就是人类从关注外部世界转到关注人类自身，尤其是关注人类大脑的奥秘。揭示人脑的奥秘，这已成为21世纪科学界共同关心的前沿课题之一。"[⑤]

在脑科学技术及科学研究成果突飞猛进的同时，以美国为代表的一些西方研究者和实践者，尤其是在督导与课程开发协会（Association of Supervision and

---

① 梁林梅，蔡建东，周雅格. 学习科学到教学实践变革——"转化者"的角色与作用分析[J]. 现代教育技术，2020（2）：28-35.

② 〔丹〕克努兹·伊列雷斯. 我们如何学习：全视角学习理论[M]. 2版. 孙玫璐，译. 北京：教育科学出版社，2014：13.

③ 郑旭东，王美倩. 学习科学：百年回顾与前瞻[J]. 电化教育研究，2017（7）：13-19.

④ 〔美〕梅丽莎·阿布拉莫维茨. 脑科学[M]. 胡志安，译. 上海：上海科学技术出版社，2017：13-20.

⑤ 北师大校长董奇：未来教育的重要特征是要基于脑、适于脑、促进脑[EB/OL]. http://www.sohu.com/a/245083241_100154279.（2018-08-03）[2021-09-19].

Curriculum Development，ASCD）的大力推动之下，20 世纪 90 年代末期以来一直致力于推广"基于脑的教育"改革。他们旨在将脑科学、建构主义学习理论、情境认知理论等研究成果引入教育领域①，已经形成了一系列对于课堂教学变革具有指导意义的研究成果。例如，苏泽的《天才脑与学习》②、詹森（E. Jensen）的《适于脑的教学》③、哈迪曼（M. Hardiman）的《脑科学与课堂：以脑为导向的教学模式》④等。

（二）人工智能技术为创建以学生为中心的学习环境提供了有力支撑

回顾学习科学共同体的诞生过程可以发现，学习科学自诞生之日起就和人工智能有着千丝万缕的联系——在学习科学共同体形成的过程中，Logo 语言发明人、人工智能先驱之一、麻省理工学院媒体实验室的创始人之一佩伯特（S. Papert）曾经起到了关键的推动作用。世界上第一个学习科学研究所和学习科学研究生专业创建于美国西北大学，其创始人为人工智能科学家尚克（R. Schank）。学习科学共同体的第一届学术会议（第一届学习科学国际会议）也诞生于 1991 年在西北大学举办的第五届"教育中的人工智能国际会议"期间。⑤

学习科学的诞生源于人类对复杂学习问题的跨学科探究，人工智能就是其中的重要领域之一。学习科学不但关注"学习是什么""人是如何学习的"这样的基础理论研究，更注重在新的学习科学理论指导下的智能化学习分析技术、学习评价技术及以学生为中心的新型学习环境（包括学习工具、学习资源等）的创建，像各类智能学习工具、智能学伴、教育机器人、学习者数字画像、基于大数据的学习诊断与分析系统、基于自适应系统的个性化学习系统等。这些新的智能化技术、新型学习环境为落实《中国学生发展核心素养》、促进学生全面而个性化地发展提供了新的思路与可能。

---

① 周加仙. "基于脑的教育"理论述评[J]. 外国教育研究，2007（2）：1-6.

② 苏泽. 天才脑与学习[M]. "认知神经科学与学习"国家重点实验室，脑与教育应用研究中心，译. 北京：中国轻工业出版社，2005.

③ 詹森. 适于脑的学习[M]. 北京师范大学"认知神经科学与学习"国家重点实验室，脑科学与教育应用研究中心，译. 北京：中国轻工业出版社，2005.

④ 〔美〕玛丽亚·哈迪曼. 脑科学与课堂：以脑为导向的教学模式[M]. 杨志，王培培，等，译. 上海：华东师范大学出版社，2018.

⑤ 郑旭东，王美倩，吴秀圆. 学习科学：百年回顾与前瞻[M]. 北京：科学出版社，2020：88-101.

（三）新时期以学生为中心的教育生态重构的现实需求

21世纪，面对日益复杂的社会发展和未来挑战，各国政府纷纷制定和出台了应对全球竞争及满足各自政治、经济及社会发展需求的教育变革方案，重构面向未来的全新教育生态系统。对于我国而言，从《中国学生发展核心素养》的出台到《中共中央 国务院关于深化教育教学改革全面提高义务教育质量的意见》的实施，教育系统正面临一场与世界同步的、前所未有的深刻变革，目标、课程、教与学的方式、教学评价、学习环境等与教师过去所习惯和熟悉的大不相同。新的教育生态重构必然需要新理论、新政策、新方法、新环境及新能力的支撑，脑科学及学习科学的研究成果正逢其时。钟启泉认为学习科学为课堂转型提供了实证依据与理论基石[①]；任友群指出，学习科学的研究使教育理想的实现成为可能，学习科学的进展有利于学习和教学方式的创新，学习科学的引入给传统教育教学研究带来了新气息[②]。

拓展阅读 2-3：义务教育新课标中的"学习科学"

2022年4月，教育部颁布期待已久的新版义务教育课程方案及16门学科的课程标准。这意味着我国义务教育课程与教学改革已经从过去的"有学上"，进入"上好学"的高质量发展新阶段。《义务教育课程方案（2022年版）》明确指出，新课程方案的修订"既注重继承我国课程建设的成功经验，也充分借鉴国际先进教育理念，进一步深化课程改革"，而学习科学就是其中重要的理论支撑。例如在培养目标中非常重视学生的学习能力，提出要使学生"形成良好的信息习惯，具有学会学习的能力"；在教材编写时要"吸收学习科学的最新成果，强化内容间的内在联系。加强情境创设和问题设计，引导学习方式和教学方式变革"；在英语学科的课程标准中，将学习能力作为学科的核心素养之一，并且将学习策略作为重要的课程内容要素；在生物学科课程标准的"课程理念"部分，也特别强调了"课程设计要积极吸纳科学教育和学习科学的研究成果"。

---

① 钟启泉. 颠覆"常识"的新常识——学习科学为课堂转型提供实证依据与理论基石[J]. 教育发展研究，2018（24）：1-8.

② 任友群. 教育工作者既要走进课堂，也要走进实验室[J]. 上海教育，2014（9）：29.

第 三 章

有效教学设计的起点：从教学目标到学习目标

第一节　认识教学目标

一、什么是教学目标

有效的教学设计或教学活动首先要有一个明确、具体的目标。教学目标既是教学的出发点，也是教学的归宿，同时还是教学评价的依据。教学目标不仅具有教学定向功能，而且能够对教学过程进行调控。在整个教学设计的过程中，教学目标的设计无疑是非常关键的环节。

（一）相关概念分析

在理解和认识教学目标的时候，首先需要厘清与之密切相关的两个概念——教育宗旨和教育目的。

1. 教育宗旨

教育宗旨是教育目标的宽泛定义。这一定义涉及教育理念、有关教育的哲学观念、学校的社会角色和学生的学习任务等。同时，它也是教育完成特定社会要求的基本指导原则。其陈述的语言往往是描述性的或含糊不清，但它规定了学校的办学方向和教书育人的基本要求。

2. 教育目的

从国家、地区和社会要求等的角度，教育工作者要系统分析教学中学校、教师、学生将要完成的教育任务，确定学校的教育计划，也就是所有学生在学校的学习生涯中应该达到的教育水平，这就是教育目的。它的制定工作常常是由教育专门小组、教材编写组或地区教育机构等来完成。相比教育宗旨，教育目的更具体，但还是没有明确教师的具体任务，或学生应该达到怎样的学业水平。

3. 教学目标

在学校教育目的指导下，教师在教学中须确定将完成的具体教学目标，这样可以帮助教师选择教学内容和确定教学效果。教学目标往往需要以更具体的行为来体现，其陈述的内容大多是教师教学或学生学习的具体技能、任务、内容和态度。[①]

拓展阅读 3-1：《中国学生发展核心素养》

2016 年，《中国学生发展核心素养》正式发布，确立了以下六大学生发展核心素养（图 3-1）。

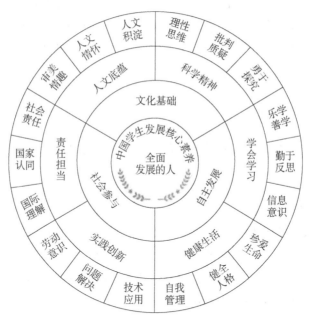

图 3-1　《中国学生发展核心素养》框架

1. 文化基础

1）人文底蕴。主要是学生在学习、理解、运用人文领域知识和技能等方面所形成的基本能力、情感态度和价值取向。具体包括人文积淀、人文情怀和审美情趣等基本要点。

---

① 皮连生. 教学设计——心理学的理论与技术[M]. 北京：高等教育出版社，2000：49-50.

2）科学精神。主要是学生在学习、理解、运用科学知识和技能等方面所形成的价值标准、思维方式和行为表现。具体包括理性思维、批判质疑、勇于探究等基本要点。

2. 自主发展

1）学会学习。主要是学生在学习意识形成、学习方式方法选择、学习进程评估调控等方面的综合表现。具体包括乐学善学、勤于反思、信息意识等基本要点。

2）健康生活。主要是学生在认识自我、发展身心、规划人生等方面的综合表现。具体包括珍爱生命、健全人格、自我管理等基本要点。

3. 社会参与

1）责任担当。主要是学生在处理与社会、国家、国际等关系方面所形成的情感态度、价值取向和行为方式。具体包括社会责任、国家认同、国际理解等基本要点。

2）实践创新。主要是学生在日常活动、解决问题、适应挑战等方面所形成的实践能力、创新意识和行为表现。具体包括劳动意识、问题解决、技术应用等基本要点。

（二）教学目标的内涵

教学设计是一种有目的的活动，也就是说它是达到终点的一种方式。这些终点通常被描述为教学目标。[①]教学目标描述了教师期望学生学习什么（而不是教师自己做了什么），以及如何得知学生是否学到了这些知识。教学目标指向的是最终目的，而不是过程。因此，也可以将教学目标等同于预期的学生的学习结果。[②]

（三）教学目标体系

按照系统理论的观点，教学目标是一个系统，它由教学总目标（教育目的）

---

① 〔美〕R. M. 加涅，〔美〕W. W. 韦杰，〔美〕K. C. 戈勒斯，等. 教学设计原理[M]. 5 版修订本. 王小明，庞维国，陈保华，等，译. 上海：华东师范大学出版社，2018：46.

② 皮连生. 教学设计——心理学的理论与技术[M]. 北京：高等教育出版社，2000：53.

决定，包括课程目标、单元目标和课时目标三个层次，通过逐层具体化构成了一个上下贯通、内在有机联系的完整体系（图3-2）。

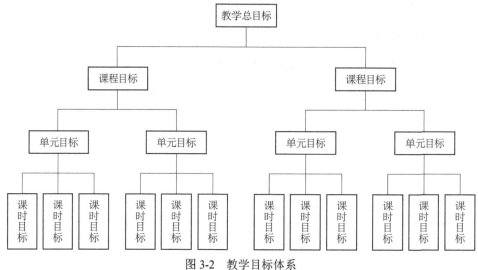

图 3-2　教学目标体系

二、教学目标的作用

（一）教学目标在教师教学中的作用

教学目标可以为教师选择教学方法和教学材料提供依据，以最大限度地使学生产生预期的行为。好的教学目标往往能够为教师设计各种有助于获得预期教学成果的教学类型时提供有效的框架；教学目标同样也是教师为学生提供反馈的基础。如果教师所描述的预期学习结果足够清晰，那么他就可以明确地指出会出现学习难易点的地方，并为促进学生学习提供及时、清晰且到位的指导。

（二）教学目标在学生学习过程中的作用

如果教师在教学一开始就告知学生教学目标，那么学生就会明确自己努力的方向，并明确自己进行多种学习活动的目的，这样一来，学生也能更容易地理解学习过程的复杂性，在学习中更加积极主动。如果学生意识到学习不仅包含知识结果，还涵盖推理、解决问题等各种学习技能，那么他们就会理解在学习中光靠记忆材料是远远不够的，还必须运用各种学习策略参与各种学习过程才能获得预期的成果。另外，教师在教学一开始就告知学生教学目标，不仅有助于引导他们学习，而且会为他们自评和发展自评技能提供依据，使其成为自主学习者。

（三）教学目标在形成性评估和总结性评估中的作用

有了好的教学目标，就可以使学生的学业表现评估这一复杂的事情变得简单明了了，因为教学目标已经明确表述了教学之后学生应该知道和应该做的。教学目标除了帮助教师事先准备评估工具，亦有助于教师解释评估结果。因此，清晰地表述预期学习结果就显得尤为重要，它可以使教学、学生的学习和评估都围绕同一目标来进行。

（四）教学目标在评价教学中的作用

清晰的教学目标有助于教师查明教学上的得失。教学目标会引导教师反思教学中到底哪里出了问题，是方法、材料，还是教学目标本身。在许多情况下，教师需要调整教学方法和材料，但有时教师需要修正教学目标本身，或是使教学目标能被学生清晰地理解。[1]

三、教学目标的编写

撰写教学目标的简便方法中包含了如下的四个要素：教学对象（audience）、行为（behavior）、条件（condition）和程度（degree），上述四个要素英文单词的第一个字母组成为"ABCD"，故称为"ABCD"法。教学设计的长期应用实践表明，该方法有助于确保教师的教学目标能够清晰、明确、具体地对学生的学习结果进行描述。例如，学生能够将教师所给的 10 个不完整的句子全部改成包括主语和谓语在内的完整句子。[2]

---

[1] 〔美〕诺曼·E. 格朗伦德，〔美〕苏珊·M. 布鲁克哈特. 设计与编写教学目标[M]. 8 版. 盛群力，郑淑贞，冯丽婷，译. 北京：中国轻工业出版社，2017：10-13.

[2] 〔美〕凯·M. 普赖斯，〔美〕卡娜·L. 纳尔逊. 有效教学设计[M]. 李文岩，刘佳琪，梁陶英，等，译. 北京：中国人民大学出版社，2016：18-20.

（一）教学对象（A）

教学目标的表述中应该明确指出目标所指向的对象，例如"初三英语课的学生""大学一年级新生""参加在职培训的高中数学教师"等。

（二）行为（B）

在教学目标的构成要素中，实际的行为及其结果是一个最基本的要素。"行为"需要具体、明确地说明教学完成后，学生能做什么。描述行为及其结果的基本方法是使用一个动宾结构的短语，其中表述行为的动词说明学习的类型，宾语则用来说明学生的行为结果或学生所做的事情，如表 3-1 所示。

表 3-1　编写认知学习目标可供选用的动词①

学习目标层次	特征	可参考选用的动词
记忆	指从长时记忆中提取有关信息	回忆、列表、识别、呈现、描绘、定义、讲述、标记、列出、背诵、再认、挑选、排列、陈述……
理解	指从口头、书面及图像等传播的教学信息中建构意义	联系、分类、比较、描述、区别、讨论、举例、解释、推断、阐释、概括、翻译、描述理由、判定原因……
应用	在给定的情境中执行或使用程序	计算、证明、开发、使用、估价、实施、修改、概述、解决、应用、运用、建构、选择……
分析	将材料分解为它的组成部分，确定各部分之间的关系，以及各部分与总体结构或总目的之间的关系	分解、组合、比较、区分、对照、辩论、实验、推算、组织、预测、质疑……
评价	依据准则或标准做出判断	判断、辩论、检查、总结、检测、评判、监控、评级、推荐、选择、测试、权衡、判断、赞成或反对、批评……
创造	将要素加以组合以形成内在一致的整体或功能性整体，将要素重新组织成为新的模型或结构	组合、建造、创作、建构、设计、规划、生成、整合、制作、计划、重置、创立……

（三）条件（C）

条件即描述学生在什么条件下能够达到所要求的技能。行为的条件一般包括以下因素：①环境因素（气温、光线、地点、噪声等）；②人的因素（在教师的指导下进行、小组合作进行、学生独自完成等）；③设备因素（设备、工具、图

---

① 尚俊杰. 学习科学导论[M]. 北京：北京大学出版社，2023：400-401.

纸、计算器、说明书等）；④信息因素（教科书、笔记、资料、图表、词典等）；⑤问题明确性的因素（为证实学生的行为表现，提供什么刺激条件以及刺激的数量如何）等。例如，"在欧洲行政区划图上，请初三的学生标出主要的煤炭产地""在没有笔记本、课本和其他参考资料的情况下，请初二的学生在 45 分钟内写一篇 300 字的短文，讨论技术与学习的关系"。

（四）程度（D）

程度说明学生必须达到的熟练程度和准确程度，该要素描述了学生在达到何种水平（如准确、连续或一致）时，才表明其已经达成了教学目标。例如"至少写出三种解题方案""安全无误""准确率达 90%""学生能够在 1 分钟内正确做出 10 道题"等。在设计该要素时，教师首先要避免为学生制定的达成程度过低，以确保教学的高阶目标达成；其次要避免脱离学生实际的过于主观的目标达成度，建议教师根据学生的实际学习和完成情况不断修订和完善；最后要注意给学生设定实现教学目标达成度的明确期限，例如"10 分钟之内""连续 5 天""第一次"等。①

第二节　了解教学目标分类

一、布卢姆认知领域的教学目标分类

（一）布卢姆认知领域 1956 年的分类体系

美国教育心理学家布卢姆等将教育目标分为认知（cognitive）、情感（affective）和心因动作（psychomotor）三大领域，并于 1956 年发表了《布卢姆认知领域目标分类手册》，完成了对认知领域目标的分类工作。布卢姆把认知领域的教育目标分为 6 级，从低级到高级分别是：知道、理解、应用、分析、综合和评价，学习过程由下层向高层发展，下层目标是上层目标的支撑。加涅指出布卢姆认知领域目标层级中下面的三级（知道、理解与应用）是低阶的学习目标，而上面三级

---

① 杨九民，梁林梅. 教学系统设计理论与实践[M]. 北京：北京大学出版社，2008：88-90.

（分析、综合与评价）属于高阶的学习目标。①

1. 知道

知道是指对先前学习过的知识材料的回忆，包括具体事实、方法、过程、理论等的回忆。"知道"又叫"知识"，是认知领域中最低水平的认知结果，它所要求的心理过程主要是记忆。知识又分为具体的知识、处理具体事物的方式方法的知识和某一领域普遍和抽象的知识三种。

2. 理解

理解亦称领会或领悟，是较低层的处理各种材料和问题的理智操作方式，是指把握知识材料意义的能力。领会超越了单纯的记忆，代表着最低水平的理解。

3. 应用

应用是指在具体的情境中使用抽象概念。这些抽象概念包括一般的概念、程序的规则或概括化的方法，以及专门性的原理、观念和理论。运用代表了较高水平的理解，比如用二元一次方程解答工程性质的应用题，又如把其他文献中已经提出来的新论点用来引证自己类似的实验结果等。

4. 分析

分析指将一种传播内容（现象、事物、过程）分解成为它的组成因素或组成部分，以便弄清各种观念的有关层次，或者弄清所表述的各种观念之间的关系。分析比应用的智能水平更高。

5. 综合

综合指将各种要素及组成部分组成一个整体，以构成更为清楚的模式或结构。综合强调的是创造性能力，包括进行独特的交流、制定计划或操作步骤、推导出一套抽象关系等。

6. 评价

评价是为了一定的目的，对某些观念或方法等的价值做出判断。评价是最高水平的认知学习结果，包含根据内部准则判断和依据外部准则判断两方面的

---

① 〔美〕R. M. 加涅，〔美〕W. W. 韦杰，〔美〕K. C. 戈勒斯，等. 教学设计原理[M]. 5 版修订本. 王小明，庞维国，陈保华，等，译. 上海：华东师范大学出版社，2018：61.

内容。①

（二）布卢姆认知领域 2021 年的分类体系

该分类框架在 2001 年由美国著名心理学家安德森（L. W. Anderson）等参与修订。修订版将认知领域的教育目标按照知识与认知过程两个维度进行分类（表 3-2）。

表 3-2　布卢姆的教育目标分类（2001 年）②

知识维度	认知过程维度					
	1. 记忆	2. 理解	3. 应用	4. 分析	5. 评价	6. 创造
A 事实性知识						
B 概念性知识						
C 程序性知识						
D 元认知知识						

1. 知识维度的分类

（1）事实性知识

事实性知识是指学生通晓一门学科或解决其中的问题时所必须知道的基本要素。事实性知识是关于"信息片段"的知识，是分散的、孤立的内容元素。其包括：①术语知识。例如技术词汇、音乐符号等。②具体细节和要素的知识。例如重要的自然资源、可靠的信息来源等。

（2）概念性知识

概念性知识是指在一个更大体系内共同产生作用的基本要素之间的关系。概念性知识是"较为复杂的和有组织的知识"。其包括：①分类或类目的知识。例如地质学年代周期、商业产权形式等。②原理和通则的知识。例如勾股定理、供求规律等。③理论、模型和结构的知识。例如进化论、美国国会的组

---

① 杨九民，梁林梅. 教学系统设计理论与实践[M]. 北京：北京大学出版社，2008：84-85.
② 〔美〕L. W. 安德森，〔美〕D. R. 克拉斯沃尔，〔美〕P. W. 艾雷辛，等. 学习、教学和评估的分类学：布卢姆教育目标分类学修订版[M]. 简缩本. 皮连生，主译. 上海：华东师范大学出版社，2008：25.

织架构等。

（3）程序性知识

程序性知识是"如何做事的知识"。其包括：①具体学科的技能和算法知识。例如数学的整数除法、水彩绘画的技能等。②具体学科的技术和方法的知识。例如科学方法、访谈技巧等。③确定何时使用适当程序的准则知识。例如确定何时运用牛顿第一定律的准则，判断使用某一方法估算企业成本是否可行的准则等。

（4）元认知知识

元认知（又称作"反省认知"）知识，是指"一般认知的知识以及关于自我认知的意识和知识"。其包括：①策略性知识。例如如何使用启发式方法的知识，知道概述是获得教材中单元结构的有效方法等。②关于认知任务的知识，包括适当的情境性知识和条件性知识。例如知道自己处于哪类知识水平，知道对文章进行评论是自己的长处而写作是自己的短处等。

2. 认知过程维度的分类

（1）记忆

记忆指从长时记忆中提取有关信息。其包括：①识别。指从长时记忆系统中找到与呈现材料一致的知识，例如识别中国近代史中的重要事件日期。②回忆。指从长时记忆系统中提取相关知识，例如回忆中国近代史中重要的历史事件日期。

（2）理解

理解指从口头、书面及图像等传播的教学信息中建构意义。其包括：①解释（澄清）。指学生能够将信息从一种表示形式转变为另一种表示形式，例如阐释重要演讲或文件的含义。②举例（示例）。能够找到概念或原理具体例子，例如列举各种绘画艺术风格的例子。③分类（归类）。确定某事某物属于某一个类目，例如将观察到的或描述过的精神疾病案例分类。④总结（概括）。总结概括出一般的主题或要点，例如总结概括某个教学资源的摘要。⑤推论（推断）。从提供的信息中得出合乎逻辑的结论，例如学习外语时能够从例子中推断出语法规则。⑥比较（对比）。发现两种观点、两个对象等之间的对应关系，例如将历史事件与当代的情形进行比较。⑦说明（建模）。建构一个系统的因果关系，例如说明法国 18 世纪重要历史事件的原因。

（3）应用

应用指在给定的情境中执行或使用程序。其包括：①执行。将程序应用于熟悉的任务，例如两个多位数的整数相除。②实施。将程序应用于不熟悉的任务，例如将牛顿第二定律运用于适宜的问题情境之中。

（4）分析

分析指将材料分解为它的组成部分，确定各部分之间的关系，以及各部分与总体结构或总目的之间的关系。其包括：①区分（辨别）。区分呈现材料的相关与无关部分或重要与次要部分，例如区分一道数学文字题中的相关数字与无关数字。②组织。确定要素在一个结构中的合适位置或作用，例如将历史描述组织起来，形成赞同或否定某一历史解释的证据。③归因。确定呈现材料背后的观点、倾向、价值或意图，例如依据其政治观点来确定该作者的立场。

（5）评价

评价指依据准则或标准做出判断。其包括：①检查。发现一个过程或产品内部的矛盾或谬误，确定一个过程或产品是否具有内部一致性，查明程序实施的有效性，例如确定科学研究的结论是否与观察数据相一致。②评判。发现一个产品与外部准则之间的不一致情况时，确定一个产品是否具有外部一致性，查明程序对一个给定问题的适当性，例如判断解决某个问题的两种方法中哪一种更适当。

（6）创造

创造指将要素加以组合以形成内在一致的整体或功能性整体，将要素重新组织成为新的模型或结构。其包括：①生成（假设）。根据标准提出多种可供选择的假设，例如提出假设来说明观察到的现象。②设计（计划）。为完成某一任务设计程序，例如设计（计划）关于特定历史主题的研究报告。③生成（建构）。生成一个产品，例如有目的地为某些物种建立栖息地。①

二、加涅的学习结果分类理论

加涅用"学习结果"这一术语来指代教学目标，并且将学习结果分为五个类

---

① 〔美〕L. W. 安德森，〔美〕D. R. 克拉斯沃尔，〔美〕P. W. 艾雷辛，等. 学习、教学和评估的分类学：布卢姆教育目标分类学修订版[M]. 简缩本. 皮连生，主译. 上海：华东师范大学出版社，2008：59-60.

别：言语信息、智慧技能、认知策略、态度和动作技能。^①

1. 言语信息

言语信息是一种我们能够"陈述"的知识，它是"知道什么"的知识或"陈述性知识"。

认知心理学一般把知识分为陈述性知识和程序性知识两大类，其中陈述性知识是个体对有关客观环境的事实及其背景与关系的知识。这类知识主要用来回答有关世界"是什么"和"为什么"的问题，是对事物的事实、定义、规则、原理等的描述，它代表了个体对客观事物与事件的知晓、理解。

言语信息（陈述性知识）的学习包括：①"名称"或"符号"的学习；②独立的单个事实的学习，例如"这本书有蓝色的封面"；③有组织的信息的学习。

2. 智慧技能

智慧技能是加涅学习结果分类的重要研究领域，对于教学设计实践具有重要的指导意义。

加涅认为智慧技能是一种习得的性能，它使个体有可能通过语言、数字之类的符号来对环境做出反应或描述。也就是说，智慧技能是学习者运用符号或概念与环境发生相互作用的能力，智慧技能构成了学校教育的最基本和最广泛的结构，又被称作"程序性知识"。认知心理学认为程序性知识是指完成某项任务的一系列操作程序，主要用来回答有关"如何做"的问题，涉及的是活动的具体过程和操作步骤，例如如何推理、决策和解决问题等。加涅还根据心理加工的不同复杂程度，将智慧技能分为以下几个亚类：辨别、概念、规则与原理、问题解决（图 3-3）。

3. 认知策略

加涅指出认知策略是一种对学习和思维极为重要的技能，它是支配个体自身的学习、记忆和思维行为的性能，这些性能的发展通常情况下需要相当长的时间。

---

① 〔美〕R. M. 加涅，〔美〕W. W. 韦杰，〔美〕K. C. 戈勒斯，等. 教学设计原理[M]. 5 版修订本. 王小明，庞维国，陈保华，等，译. 上海：华东师范大学出版社，2018：50.

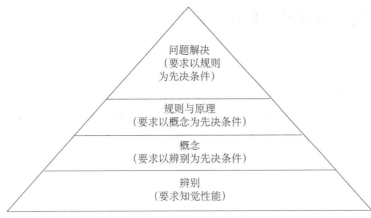

图 3-3　智慧技能的复杂性水平①

　　在现代学习理论中，认知策略是一种控制过程，是学习者用以选择和调整其注意、学习、记忆与思维方式的内部过程，可以分为复述策略、精加工策略、组织策略、元认知策略、情感策略等，其中元认知是一种特殊而重要的认知策略。

4. 态度

　　态度是一种影响个体对人、对物、对事的行为选择的内部状态，是影响对人、对事、对物的行为的复杂的人类状态。态度属于情感领域，它更多地与情绪、行为而不是知识相联系。态度源自信念并伴随着一定的情绪反应，它直接影响个体的行为选择。

5. 动作技能

　　单个动作反应的系列通常被合成更为复杂的行为表现，即"动作技能"。有时也被称为"知觉-动作技能"或"心因动作技能"，意味着动作技能的行为表现涉及知觉、大脑和肌肉等。动作技能是一种习得的性能，其行为结果表现为身体动作的敏捷、准确、有力和连贯等方面。加涅指出动作技能的学习是通过重复练习而完成的，要改善动作技能的准确性、速度和流畅性，除了练习之外，没有更加简易的方法。②

---

　　① 〔美〕R. M. 加涅，〔美〕W. W. 韦杰，〔美〕K. C. 戈勒斯，等. 教学设计原理[M]. 5 版修订本. 王小明，庞维国，陈保华，等，译. 上海：华东师范大学出版社，2018：64.

　　② 〔美〕R. M. 加涅，〔美〕W. W. 韦杰，〔美〕K. C. 戈勒斯，等. 教学设计原理[M]. 5 版修订本. 王小明，庞维国，陈保华，等，译. 上海：华东师范大学出版社，2018：50-100.

三、比格斯学习成果分类体系

美国学者比格斯（J. B. Biggs）在布卢姆教学分类体系的基础上，根据科利斯（K. F. Collis）修订后的皮亚杰（J. Piaget）认知水平发展阶段理论，[①]形成了独特的比格斯可观察的学习成果结构（structure of the observed learning outcome，SOLO），也称比格斯 SOLO 分类。该理论认为，在开启新知识的学习时，学习者的认知发展存在阶段性，并将学习者的思维水平分为前结构、单点结构、多点结构、关联结构和拓展抽象 5 个层次（图 3-4）。

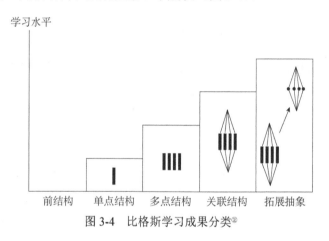

图 3-4 比格斯学习成果分类[②]

（一）前结构水平

根据比格斯的研究，前结构水平对应修订后的皮亚杰发展阶段理论的前运算阶段（4—6 岁）。前结构水平处于能力水平（包括工作记忆容量及注意的广度）的最低阶段，表现为学习者的回答是无效的（例如学生只是简单地重复了教师提出的问题，或者是同义反复），甚至是混乱的。有的学生只是简单地摘抄信息，连问题本身都没有搞清楚。在这一水平上，学习者能够提供的有效信息极少。例如，关于高中历史中 19 世纪 30 年代英国工人阶级的生活状况问题"你认为英国工人生活得好吗"的回答，处于前结构水平的学生仅仅能够做出"不好"这样一个回应。

---

① 〔澳〕约翰•B. 彼格斯，〔澳〕凯文•F. 科利斯. 学习质量评价：SOLO 分类理论（可观察的学习成果结构）[M]. 高凌飚，张洪岩，等，译. 北京：人民教育出版社，2010：20.（注：由于翻译不同，彼格斯同比格斯，未强行统一）

② 尚俊杰. 学习科学导论[M]. 北京：北京大学出版社，2023：391.

（二）单点结构水平

单点结构水平对应修订后的皮亚杰发展阶段理论的初级具体运算阶段（7—9岁），也处于能力发展的低级水平，即学习者在思维操作上只联系单个知识点来解决问题，只关注与问题解决相关的一个或一类信息，其结论有局限性，并且可能是武断的。学习者提供的知识要素较少或与主题相关性低，结构和关系缺失。例如，同样是关于高中历史中19世纪30年代英国工人阶级的生活状况问题"你认为英国工人生活得好吗"的回答，处于单点结构水平的学生的回答通常停留在"英国工人过得并不好，因为他们的工作环境和居住环境是骇人听闻的"。

（三）多点结构水平

多点结构水平对应修订后的皮亚杰发展阶段理论的中级具体运算阶段（10—12岁），处于能力发展的中级水平，即学习者能联系多个有限的、孤立的素材解决问题。学习者能提炼出核心概念和分支节点，但是缺乏整合性，不能建立起知识节点间的关联性，其关系简单。为了得出确定的答案，学生往往会选择素材中多个相互一致的方面，但忽略了所有不一致的方面或矛盾。处于多点结构水平的学习者达到了分类、精加工的思维水平。例如，同样是关于高中历史中19世纪30年代英国工人阶级的生活状况问题"你认为英国工人生活得好吗"的回答，这一结构水平的学生在问题回答方面要丰富很多："我认为普通工人过得不好，因为他们一天工作超过12个小时，这么长时间的工作以至于他们的睡眠时间不够。他们的报酬并不是根据他们工作时间的长度而给予的。国家可能变得越来越富裕，但是达到这个目标的努力是非常艰难和令人疲惫的。"

（四）关联结构水平

关联结构水平对应修订后的皮亚杰发展阶段理论的高级概括型具体运算阶段（13—15岁），处于能力发展的高级水平，即学习者能利用问题线索、相关素材的相互联系解决问题。处于关联结构水平的学生接受大多数或所有证据，并试图协调它们，能够联系多个事件，而且能够建立起它们之间的相互关系，并对信息的矛盾关系做出解释。他们已经形成了科学、合理的知识结构，达到了关联、分析、综合的思维水平。例如，同样是关于高中历史中19世纪30年代英国工人阶级的生活状况问题"你认为英国工人生活得好吗"的回答，这一结构水平的学生对于问题的分析更加全面："英国工人生活得不好。第一段和第二段相互矛盾。第一段文章的作者似乎是政府中的什么人或是工厂的老板，他得付给工人工资。因此他试图说服他自己以及其他人，工作处境是合理的。然而，第二段和第三段却说得完全不一样，人们不得不艰辛地挣得工资。"

（五）拓展抽象水平

拓展抽象水平对应修订后的皮亚杰发展阶段理论的形式运算阶段（16 岁以上），处于能力发展的最高水平，即学习者能用问题线索、素材的相互关系解决问题，能够更全面、概括地思考。学生的知识要素非常完备，结构系统完整，知识点间的关系网络复杂，达到了抽象、概括、演绎、推理的思维水平。例如，同样是关于高中历史中 19 世纪 30 年代英国工人阶级的生活状况问题"你认为英国工人生活得好吗"的回答，处于拓展抽象水平的学生会这样回答："英国工人的处境不好。国家的处境可能比以前要好，但是就人的处境而言，他们的生活还没有达到令人满意的标准。国家越来越富裕是以平民的苦难为代价的。第一种观点给人的印象是：因为英国工人的处境优于欧洲的平均水平，英国工人阶级应该为此而感到高兴。不过使用比较常常给人一种扭曲的观点：一个因癌症而快死的人比一个死掉的人要好，他活着就有希望！能够意识到自己的生活贫困是一个好的标记。"

比格斯指出，在以上五个层次中，前三个层次属于浅层次水平的学习，后两个层次属于深度学习所要达成的目标。①②

第三节　从教学目标到学习目标：面向核心素养的教学设计实践案例之一

北京市十一学校在探索如何在课堂上落实核心素养的过程中，深刻认识到一

---

① 尚俊杰. 学习科学导论[M]. 北京：北京大学出版社，2023：391-392.
② 〔澳〕约翰·B. 彼格斯，〔澳〕凯文·F. 科利斯. 学习质量评价：SOLO 分类理论（可观察的学习成果结构）[M]. 高凌飚，张洪岩，等，译. 北京：人民教育出版社，2010：27-51.

个重要而且容易被忽略的关键环节，就是首先要完成从教学目标到学习目标的转变。

一、教学目标与学习目标的区别

通常情况下教师以为教学目标就是学习目标，两者没有什么区别。但是在落实核心素养的课堂教学改革实践中，课程改革团队的教师深刻认识到：过去大家经常用"理解""掌握""解释"等术语所撰写的教学目标，教师是清楚的，教师知道该做什么、该讲到什么程度、该从哪些维度去解释。但事实上即使教师将这些教学目标写在讲义中、写在黑板上，通常情况下大部分学生是看不懂也不明白的，更不知道如何去做。也就是说，这样的目标主要是写给教师的。

虽然教学目标和学习目标本质是统一的，都是教学活动中所期待的学习结果，但是二者视角不同，一个是教师视角，另一个是学生视角。何克抗等指出，学习目标是对学习者通过教学后应该表现出来的可见行为的具体的、明确的表述，它是预先确定的、通过教学可以达到的并用现有技术手段能够测量的学习结果。[①]学习目标是从学生视角出发，为实现预期的学习结果，为学生制定的目标。它向学生传递一节课或一个单元的学习内容，让学生清晰地知道一节课或一个单元最终达到的结果是什么，让学生理解他们这样做的原因。有了这样的学习目标，学生才可能自主地规划自己的学习进程，主动参与到学习进程中。

二、学习目标应该通俗易懂，让学生一目了然

由于学习目标是为学生制定的，所以能够让学生看得懂，看得明白，这一点特别重要。因此，教师需要将自己熟悉的教学目标转化为学生清晰的学习目标，让学生知道如何去做，这样才能让学习真正发生。

（一）学习目标描述的语言要让学生看得懂，看得明白

对学习目标的描述尽量不使用难懂的语言，尽量少用书面语言。对于专业性特别强的概念、原理，可以增加一些条件、背景、解释，以帮助学生理解；对于

① 何克抗，林君芬，张文兰. 教学系统设计[M]. 2 版. 北京：高等教育出版社，2016：48.

学习目标的描述应尽量使用简短的句子，不得不使用长句子时，也尽量将其分解为不同的层次进行表达；对于学习目标的描述应用亲切、平和的语言，教师不应下命令，更不能居高临下地布置任务，例如"使学生掌握……""培养学生……能力"之类的句子，建议使用第一人称进行描述，例如，采用"我们将要……""我能……""我将要学习……"这样的句子。

（二）学习目标描述的行为要具体、可操作

学习目标是服务学生的，为学生学习准备的学习目标需要描述得细致具体，使其具有可操作性，让学生知道具体要学习什么、要做什么、做到什么程度。例如高中语文《论语》单元学习目标的设计中的"我将通过自己喜欢的方式制作出《论语》主要思想的思维导图"；生物学科中的"我能利用生命的物质观，为目标人群（'三高'人群、减肥人群、青少年等）提出饮食建议和营养食谱"。

三、学习目标应能促进学生的学习

一个有效的学习目标只有围绕学生的学习来设计，才能够有效促进学生的学习，为学生的学习增添持续动力。

（一）学习目标的制定要符合学生实际

一个好的学习目标既要遵循课程标准，又要符合学生的学习基础和学习能力，还要符合学生的认知水平和生活经验，以激发学生的主动性和创造性。

（二）学习目标的制定要有一定的挑战性

学习目标太难，学生会感到无从下手。同样，学习目标也不能过于简单。缺乏挑战性的学习目标同样无法激发和唤起学生的学习热情。因此，在设计学习目标的时候，教师既要依据课程标准，又要充分了解学生的学习实际，使其在学生的最近发展区，既符合学生的认知水平，又具有一定的挑战性。[①]

---

① 王春易，等. 从教走向学：在课堂上落实核心素养[M]. 北京：中国人民大学出版社，2020：91-105.

第 四 章

有效教学设计的关键：学习者分析和学习任务（内容）分析

第一节　学习者分析

一、为什么学习者分析很重要

（一）奥苏伯尔的重要观点

著名教育心理学家奥苏伯尔（D. P. Ausubel）等的《教育心理学：认知观点》一书扉页上的话明确指出了解学习者的重要性——假如让我把全部教育心理学仅仅归结为一条原理的话，即影响学习的唯一最重要因素就是学习者已经知道了什么。要探明这一点，并据此进行教学。①另外，建构主义学习理论所持的"学生观"再次印证了奥苏伯尔的上述观点——建构主义学习理论认为学生不是空着脑袋来到教室的，在日常生活中，他们已经对外部世界形成了丰富的经验。当面对一个新问题情境时，他们可以基于经验，通过推理和判断，形成对问题的理解和解释。因此，教师在教学中不能无视学生已有的经验，而要努力帮助学生将新知识和已有经验结合起来。②

（二）人类长时记忆的特点

认知心理学对于人类长时记忆的研究表明，长时记忆不是一个被动的存储器，其本质是一个主动的意义建构的过程，其中的一个关键就是要建立起新旧知识之间的联系。人类的长时记忆具有"先前知识原则"——一个人已经知道的东西决定了其接下来能学习什么和如何思考；一个人拥有越多的先前知识，其学习和记忆就会越容易。因此，学习和记忆的过程中同样遵循"富者越富，穷者越

---

① 〔美〕D. P. 奥苏伯尔，等. 教育心理学：认知观点[M]. 余星南，宋钧，译. 北京：人民教育出版社，1994：扉页.

② 尚俊杰. 学习科学导论[M]. 北京：北京大学出版社，2023：135.

穷"的规则，影响长时记忆存储的最重要因素之一就是学习者的先前知识。[①]

（三）马扎诺"教学思维系统图"

大部分教师的教育经历和教学实践经验表明，学校教学始于大脑的认知系统（即知识的学习）。然而，马扎诺基于将脑科学及学习科学研究成果应用于教学实践的长期经验指出，"所有学习始于脑的自我系统"[②]。因此，学校教学并不是始于大脑的认知系统，而是始于对学生"自我系统"的关注。"自我系统"由态度、信念和情感（包括情绪）构成，而态度、信念和情感之间的相互作用决定了学习者在学习过程中能够投入的学习动机和注意力。进而，马扎诺提出了如下"教学思维系统图"（图4-1）。[③]

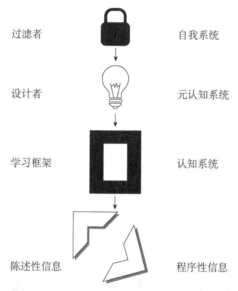

图 4-1 马扎诺"教学思维系统图"

在教学思维系统中，通常情况下学习者会经历从自我系统到元认知系统再到

---

① 〔美〕简妮·爱丽丝·奥姆罗德. 学习心理学[M]. 6版. 汪玲，李燕平，廖凤林，等，译. 北京：中国人民大学出版社，2015：158.

② 〔美〕唐娜·沃克·泰勒斯通. 提升教学能力的10项策略：运用脑科学和学习科学促进学生学习[M]. 李海英，译. 北京：教育科学出版社，2017：17.

③ 〔美〕唐娜·沃克·泰勒斯通. 提升教学能力的10项策略：运用脑科学和学习科学促进学生学习[M]. 李海英，译. 北京：教育科学出版社，2017：5-6.

教师所期望的认知系统这样一个序列性的转换过程。

1. 自我系统

对学习者自我系统的关注是学校教学的起点，它包括对学生态度、信念和情绪/情感等状况的深入了解。自我系统对于学生的高效学习和有效教学至关重要，自我系统决定了学习者是否愿意从事给定的任务，也决定了学习者在给定的任务中愿意投入多少精力。因此，可以把自我系统比喻为学习和教学过程的"过滤器"，它首先会对教师或环境输入的信息起过滤和筛选的作用。例如，关于脑与学习科学的已有研究表明，在大脑对信息的加工过程中，尤其是在感觉记忆这一阶段，存在一定的优先顺序——影响生存的信息和产生情绪的信息比新学习的信息更优先被大脑加工（图 4-2）。

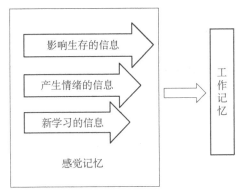

图 4-2　影响生存的信息和产生情绪的信息比新学习的信息更优先被大脑加工①

这一发现告诉教育工作者：情绪与学习密切相关。与认知相比，大脑对情绪资料的加工具有较高的优先性。如果学习者的生存状态或情绪出现了问题，学习是很难发生的。因此，学生必须在感到身体安全（舒适）和情绪安定的情况下，才能将注意力集中在认知学习（知识）方面。而当学习和教学的过程中学习者的自我系统处于关闭状态时，就相当于"把明亮的灯光放在关闭的百叶窗旁——教师希望光芒可以照射进去，然而，如果百叶窗紧紧关闭，无论外面的光芒多么强烈，却无法射入"②。

---

①　〔美〕大卫·苏泽. 脑与学习[M]. "认知神经科学与学习"国家重点实验室，脑与教育应用研究中心，译. 北京：中国轻工业出版社，2005：36-37.

②　〔美〕大卫·苏泽. 脑与学习[M]. "认知神经科学与学习"国家重点实验室，脑与教育应用研究中心，译. 北京：中国轻工业出版社，2005：46.

2. 元认知系统

新的信息或知识经过自我系统的筛选和过滤，接着会进入元认知系统。研究者把元认知形象地比喻为学生学习过程中的"管理者"和"教练"，承担着对学习过程的监控和调节，起到"设计者"的作用。随着脑科学及学习科学研究的不断深入，人们越来越意识到元认知对于学习的重要影响——学习者的元认知水平越高，其学业成绩就可能越好。[1]梅耶也将动机和元认知比作学习者有效学习的两大"基石"[2]。

3. 认知系统

最后，学习者才会进入学校和教师所期望的认知系统，此时知识的学习才会发生。因此，认知系统知识学习的前提就是保证自我系统和元认知系统的有效运行，即在保证学习者态度、信念和情感以及提升学习者元认知水平的基础上，开展认知能力的提升和知识的建构。[3]

二、学习者分析的维度

学习者是教学活动的主体，学习者自身及其特征对教学过程以及教学结果都会产生一定的影响。在教学设计的过程中，教学策略、教学方法、教学媒体的选择应与学习者的特点相匹配，因此学习者分析是教学设计的前提，为编制教学目标、组织教学内容、选择教学媒体、创设教学环境等提供依据。

（一）加涅的学习者分析框架

1. 动机因素

在设计教学时需要考虑的一个特点是学习者的动机。动机不能直接测量，但我们可以通过观察学生的行为而推测出来。凯勒提出的 ARCS 动机激发模型就是一个分析、理解和激发学习者动机的非常有用的模型。

① 〔美〕简妮·爱丽丝·奥姆罗德. 学习心理学[M]. 6版. 汪玲，李燕平，廖凤林，罗峥，译. 北京：中国人民大学出版社，2015：272.

② 〔美〕理查德·E. 梅耶. 应用学习科学——心理学大师给教师的建议[M]. 盛群力，丁旭，钟丽佳，译. 北京：中国轻工业出版社，2016：38.

③ 尚俊杰. 学习科学导论[M]. 北京：北京大学出版社，2023：445-447.

2. 发展性与社会性因素

（1）皮亚杰提出的儿童认知发展阶段理论

在皮亚杰看来，儿童是在与周围环境相互作用的过程中，逐步建构起对外部世界的认识，从而使自身认知结构得到发展的。虽然儿童的发展速度不太一样，但是所有儿童都会依次经历如下的 4 个发展阶段——感知运动阶段（0—2岁）、前运算阶段（2—7 岁）、具体运算阶段（7—11 岁）和形式运算阶段（11岁至成年）。[①]

（2）维果斯基的最近发展区理论

维果斯基（L. Vygotsky）认为，儿童的发展直接受到他们与文化中更有能力成员的相互作用的影响。在儿童发展的任何节点上，有一些任务和认知过程非常适合于儿童，但也有一些领域处在儿童准备水平的外缘。在他人的帮助和鼓励下，或者在学习环境中有补偿性支持的条件下，儿童可以在这些具有挑战性的领域中做出一定的行为表现并得到发展。维果斯基把这些外缘领域称作"最近发展区"，并且强调在这些区域设计良好的教学尤为重要，因为它们处在儿童潜在可达到的范围内。

3. 个别差异因素

个别差异又称个性差异、个体差异，通常指个体在内在身心结构和外在行为习惯上所表现出来的相对稳定、而又不同于他人的个性特征。个别差异因素包括遗传特征、学习偏好、学习策略、学习期望、社会文化价值观与信念等。具体而言，不同个体对外界信息刺激的感知、注意、思维、记忆和解决问题的方式形成了学习者在学习上的不同类型、不同风格与个别差异。研究学习者的个别差异，将有助于教师开展更加个性化的有效教学。[②]

（二）迪克-凯瑞模型中的分析框架

1. 起点能力

起点能力是指学习者在学习某一特定的学科内容时，已经具备的有关知识与

---

① 陈琦，刘儒德. 当代教育心理学[M]. 3 版. 北京：北京师范大学出版社，2019：22-24.
② 〔美〕R. M. 加涅，〔美〕W. W. 韦杰，〔美〕K. C. 戈勒斯，等. 教学设计原理[M]. 5 版修订本. 王小明，庞维国，陈保华，等，译. 上海：华东师范大学出版社，2018：111-114.

技能的基础，以及他们对这些学习内容的认识和态度。这个起点能力分析，包括三个方面：认知结构的分析、认知能力的分析以及学习者对所学内容态度的分析。

2. 学习动机

学习者在学习某一特定学科内容时所持有的学习动机也是非常重要的，甚至许多教师将学习动机水平视为决定教学效果的最重要因素。在长期的教学实践中，教师深刻地认识到当学习者对所学内容缺乏兴趣或动机时，学习几乎不可能发生。迪克-凯瑞模型中同样提到了凯勒的 ARCS 动机激发模型及其重要作用。

3. 学习风格

为使教学达到最佳效果，心理学领域关于学习风格的相关研究已经非常丰富。这些研究表明，教师可以区分学习者的不同学习风格，以便更有针对性地开展教学。

（三）ASSURE 模型中的分析框架

1. 一般特征

一般特征包括学习者的年龄、年级、工作（职位），以及文化、社会、经济因素等。

2. 入门能力（知识、技能和态度）

起点（入门）能力指的是学习者已经具备或者缺乏的知识和技能，如知识背景、目的技能和态度等。

3. 学习风格

学习风格指的是一组心理特征，这组心理特征能够决定一个人在学习环境中的知觉与学习环境的互动和对环境的反应等，如知觉偏好及强度、信息处理习惯（具体有序、具体随机、抽象有序、抽象随机）、动机因素（动机决定着人们将做什么而不是他们能做什么）、焦虑、生理因素（性别、健康、环境条件）等。

（四）学习者的自我效能感

1. 什么是自我效能感

美国社会心理学家班杜拉（A. Bandura）在 20 世纪 70 年代提出了影响深远的自我效能理论，之后该理论被广泛用于学校教育、临床心理学、健康心理学、职业指导、组织管理和体育运动等领域。越来越多的研究表明，自我效能感在人类个体和集体活动中发挥着极为重要的作用。

所谓自我效能感，实际上是指人们对成功实施达成特定目标所需行动过程的能力的预期、感知、信心和信念。[①]因此，自我效能感是与具体任务联系在一起的，并不是一种概括性的个性特征。例如，学生可能在解决数学问题方面具有较强的自我效能感，而在演讲方面却持有较弱的自我效能感。

2. 自我效能感对学业成绩的影响

研究者将与学习有关的自我效能感称为学业自我效能感。一般认为，学业自我效能感会通过下述几种方式来影响学生的学业成绩。

（1）任务和活动的选择

通常情况下人们倾向于选择那些他们相信自己能成功完成的活动或任务，同时会回避那些他们认为自己会失败的活动或任务。因此，在自由选择的情境中，学生会倾向于选择那些自认为能够完成的学习任务，回避那些自认为难以完成的任务。

（2）目标的选择

当个体在某个领域具有较高自我效能感时，他们会为自己设定较高的目标。因此，那些具有高自我效能感的学生，给自己设定的学习目标更高，也更愿意通过独立学习实现自己设定的预期目标，证实自己的学习能力。

（3）努力程度和坚持性

具有较高自我效能感的人在从事某一活动时更有可能会付出较多的努力，当遇到一些困难时也更有可能坚持不懈。而对某一任务具有较低自我效能感的人，则会付出较少的努力，并且在面临困难时会更快地放弃。因此，高自我效能感的学生学习会更加努力，坚持的时间会更长，其适应能力也更强。低自我效能感的

---

① 郭本禹，姜飞月. 自我效能理论及其应用[M]. 上海：上海教育出版社，2008：57.

学生常常会把困难看成是难以克服的，也会较快放弃在学习上的努力。

（4）紧张和焦虑的体验

高自我效能感的学生在从事学习任务或活动时会显得更冷静、沉着，更多关注学习中的问题。而低自我效能感学生更多关注自己的情绪反应，会感到紧张不安，甚至焦虑。

3. 影响自我效能感形成和发展的主要因素

（1）先前的成功和失败

研究发现影响自我效能感的一个最重要因素是个体自身在特定任务或特定领域中已有的先前成功或失败的经验。

（2）当前的情绪状态

学生的当前情绪状态，例如心境、感到焦虑或压力的程度等，都会显著影响到他们对手头任务的自我效能感。

（3）他人所传递的信息

在一定程度上，其他人对学生的积极期望、对学生良好表现的积极反馈（鼓励、表扬等）也会提高学生的自我效能感。

（4）他人的成功或失败

人们经常会通过观察与自己相似个体的成败情况来获取自己在一个新任务或新领域中的自我效能感信息。

（5）集体的成功和失败

个体在群体中工作要比独自工作时有更高的自我效能感，特别是当他们的集体获取成功的时候。[①]

4. 如何增强学生的自我效能感

（1）让学生体验成功的经历

班杜拉认为，个人亲身经历的成功经验在自我效能感形成和发展中发挥着最有力的作用。因此，一般而言，不断获得的成功体验会使学生认识到自己的能力，并坚信自己的能力，这有助于增强学习者的自我效能感。

---

① 〔美〕简妮·爱丽丝·奥姆罗德. 学习心理学[M]. 6版. 汪玲，李燕平，廖凤林，等，译. 北京：中国人民大学出版社，2015：103-105.

（2）充分发挥榜样的作用

班杜拉认为，个体的自我效能感是在自我与环境互动的过程中形成和发展起来的，因此，环境中的其他人获得成功或失败的经历会给个体带来替代性效能信息，影响个体的自我效能判断。为了培养学生的自我效能感，可以通过树立榜样，为学生提供替代性信息。

（3）引导学生正确归因

所谓归因，是指人们对其结果的原因的解释。归因方式的不同不仅直接影响自我效能判断，而且间接影响学业成绩。国内外的研究表明，将学习成功归因于机遇或将学习失败归因于能力不足，都会降低自我效能判断水平；而将学习的成功归因于自己的能力和努力，将失败归因于努力不够，则会提高自我效能判断水平。

（4）建立有效的激励机制

马斯洛（A. H. Maslow）的需求层次告诉我们，认知与审美的需要、自我实现的需要都是人类较高层次的需要，只有在满足其他较低层次需要的基础上才能更好地引发这些高层次的需求。因此，学校及教师要培养学生的自我效能感，提高其对完成学业任务的能力判断，首先是满足其基本的、较低层次的需求，以激发其学习动机，提高其学业成绩。尤其是要满足学生的尊重需求，保护学生的自尊心和人格尊严，因为这不仅能激励学生学习，还会影响学生的自我评价。其次是积极强化。班杜拉指出，外部强化的恰当运用有助于自我效能感的建立。因此，教师对学生的每一点进步，每一点成功，都要给予积极关注，给予积极强化。最后是及时反馈。及时的行为反馈能为学生提供当前行为结果的信息，如果行为反馈表明学生在学习上取得了进步，就能增强其自我效能感、动机和成就感。因此，教师对学生的行为学习结果要给予及时的反馈。

（5）努力建立良好的学习氛围

个体的情绪状态和生理状态，也会影响其自我效能感的形成和发展。教师可以通过创造一种积极的、轻松和谐的、安全的学习环境和学习氛围，以维持学生良好的情绪状态和生理状态，从而增强其自我效能感。[①]

① 郭本禹，姜飞月. 自我效能理论及其应用[M]. 上海：上海教育出版社，2008：124-127.

三、网络时代的新型学习者:"数字原住民"

美国教育与学习研究领域的知名学者和游戏化学习的倡导及推动者普伦斯基(M. Prensky)在2001年提出了"数字原住民"(digital natives,有学者将其翻译为数字原生代或数字土著)的概念。

(一)谁是"数字原住民"

普伦斯基认为"数字原住民"特指那些在21世纪数字环境中成长起来的青少年。他们的生活几乎被电脑、游戏、数字音乐播放器、摄影机、手机及其他数字时代的玩具和工具所包围。电脑游戏、电子邮件、因特网、手机和即时通信软件已成为他们生活的重要组成部分。由于生活环境和生活方式(数字化世界)的不同,他们不但在着装、俚语、饰品及行事风格上与其长辈差异较大,而且其信息处理过程、思维模式和学习方式等也发生了深刻改变。

(二)"数字原住民"的主要特征

"数字原住民"在数字技术环境中出生和成长,他们能够更加快速地接收信息,喜欢并行处理信息和多通道工作。与文本相比,他们通常更倾向于先看图像,更喜欢以超文本的方式随机获取信息,与网络相连是其最好的学习(工作)状态。他们常常因此获得即时的满足和不断的回报,他们喜欢游戏更胜于"一本正经"地工作。"数字原住民"的主要特点如图4-3所示。

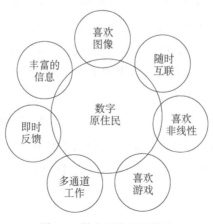

图4-3 数字原住民的特点

（三）教育者面临的困境

普伦斯基在提出"数字"这一概念时，还同时提到了"数字移民"的概念。普伦斯基认为当今的教育者就是一群"数字移民"，教师正在说着过时的语言（前数字化时代语言），吃力地教育着说着全新"语言"的下一代。

作为"数字移民"的教师更喜欢慢慢地、按部就班地、一步一步地、独自地、"一本正经"地工作。他们看不惯（并且怀疑）那些"数字"边看电视（或边听音乐）边写作业，因为他们自己无法做到。他们并不认为学习是一件好玩的事情，并且也不应该是一件好玩的事情。作为"数字移民"的教师，还认为作为学习者的"数字原住民"与他们并无二致，认为他们曾经适应和接受的教学方式对于今天的"数字原住民"同样适用。因此，教师还在自己的课堂上沿用着讲授、一步步逻辑推演及传统的测验方式。

既然"数字原住民"和"数字移民"之间的差异是显著的，那么谁应该适应谁呢？普伦斯基认为让这些在数字技术环境中成长起来的"数字原住民"回到过去是不可能的，教育者必须改变现行的教育内容和方法，以主动填平两者之间的数字鸿沟。因此，教师需要关注并研究这些已经出现的差异和特征，并寻求新的、更符合学习者需求和特征的教育教学方式。[①]

拓展阅读 4-1：大脑可以"一心多用"吗？

随着人类进入数字时代和网络时代，人们通常情况下会把那些在数字新时代出生的孩子们称为"数字原住民"，他们生活在一个被电脑、视频游戏、数字音乐播放器、摄影机、手机等数字科技包围的时代，并无时无刻不在使用信息技术进行信息交流和人际互动。人们通常认为"数字原住民"具有"多任务工作"的新特征。然而，"数字原住民"真的可以"多任务工作"吗？

哈蒂等在其颇有影响的《可见的学习与学习科学》一书中，专门探讨了大脑的"一心多用"问题——哈蒂指出，很多儿童有边听音乐边学习的习惯，很多学生宣称他们能一边做作业一边在互联网上交流，我们经常将这些学生描述

---

① 梁林梅，李逢庆. 数字时代的青少年学习者特征分析[J]. 江苏教育，2010（29）：25-28.

成"数字原住民",他们生长在计算机时代,他们掌握了很多技能让"一心多用"成为人类能力的自然延伸。哈蒂在查阅了大量的已有研究证据之后,非常严肃地告诫学校管理者和教师:在真实的学习情境中"一心多用"是不存在的。[1]同样,在苏泽所著的《教育与脑神经科学》一书中,也明确指出,"对当今的孩子们来说,他们已经逐渐适应了这些信息含量大且急速切换的画面,能刹那间转移注意力而面面俱到,不过他们的大脑还是在同一时间内只能专注一件事"[2]。"一心多用"乃神话。大脑不可能"一心多用",大脑在一个时间段只能关注一件事儿,贪多则必失。

虽然我们有时可以同时做两件不同的事情,例如边走路边听音乐,但它们大都是两项不需要认知投入的各不相干的身体活动。而众多研究证据表明:大脑不能同时进行两项认知活动,因此在真实的学习情境中"一心多用"是不存在的,即大脑在同一个时期只能专注于一件事情,我们人类目前还没有进化到当任务需要意识积极地进行认知加工时能够真正地"一心多用"。

因此,当涉及两种有意的行为,任何程度的心智转换都会使人脑付出很大的代价。试图"一心多用"或者分配注意力只会加重认知负荷,影响人物的完成效率和质量。从严格意义上来说,我们通常所说的"一心多用"实际上是指任务切换——顺序完成任务(注意力从甲转移到乙,再转移到丙……)或是交替完成任务(注意力在甲和乙之间来回转换)。

关于脑科学的已有研究表明:结论1:我们的大脑不具备类似于计算机的分时能力。在高要求的任务之间任何程度的切换都会导致认知损耗和行为失误,从而降低总体效率。结论2:一个人在完成任务时被打断,需要多花50%的时间来完成任务,而且多犯50%的错误。结论3:学习必须保持心智的专注。相对于简单学习,"一心多用"对深度学习的影响更大。结论4:一个人在同一时间的活动越多,干扰就越多。结论5:生活在以任务切换为常态的世界

① 〔新西兰〕约翰·哈蒂,〔澳〕格雷戈里·C. R. 耶茨. 可见的学习与学习科学[M]. 彭正梅,邓莉,伍绍杨,等,译. 北京:教育科学出版社,2018:187-204.

② 〔美〕大卫·苏泽,等. 教育与脑神经科学[M]. 方彤,黄欢,王东杰,译. 上海:华东师范大学出版社,2014:23-24.

中，或许会影响学生聚精会神地阅读和理解复杂文本的能力。

　　当然，在一些简单、无趣、对大脑认知投入要求不高的活动中，当大脑以低效率运行或者昏昏入睡时，"一心多用"有助于保持大脑的唤醒和警觉状态（例如在长途驾驶时可以听听音乐）。

　　相关微视频请参阅：中国大学 MOOC "应用学习科学改进教学策略" ①

四、智能时代数字画像助力学习者精准分析

　　人类正在进入以云计算、大数据、物联网、5G 技术及人工智能等为代表的智能时代，新一代信息技术正在深刻改变着学习环境及教与学的方式，"学习者画像"为教师更加个性化地了解和分析学习者提供了新的支持。

（一）用户画像

　　商业领域的用户画像指利用数据挖掘技术提炼用户数据，并对用户背景、行为方式进行全面详细的描述，以便更加个性化地了解用户的需求和个人偏好，提升产品的用户体验感，最终提高企业的商业价值。随着大数据及人工智能等技术的发展，用户画像逐渐在经济、商业、传媒等领域得到广泛应用，用户画像的魅力在于能够帮助企业有针对性地确定产品功能、服务策略、销售策略，从而实现精准的个性化营销。

（二）学习者画像

　　2014 年，美国教育部教育技术署在《通过数据挖掘与学习分析改进教育学》的报告中提出，可以尝试将用户画像应用到教育领域中，用来描述学习者的学习特征。随着教育大数据的发展，画像技术逐渐走进教育领域，并结合教育的优势与特征进行不断的改进。近年来国内外许多教育研究者开始研究如何把用户画像应用到教育领域，诞生了"学习者画像"。"学习者画像"的出现为教育教学变革提供了新的思路和可能，许多教师尝试利用这个新的技术手段进一步了解学

---

① https://www.icourse163.org/course/icourse-1003589005.

生，以便更加精准、个性化地开展教学。

所谓学习者画像（图4-4），是基于学习者学习和生活的数据，从认知水平、学习风格、学习习惯、学习态度、课堂行为、课外活动等不同角度描绘学生特有的内在心理表现与外在行为特征，进而帮助学习者实现自我监控，辅助教师针对性教学，并帮助管理者优化决策。

图 4-4　学习者画像示例①

因此，学习者画像的出现与应用可以帮助学习者更加全面地、系统地了解自己在学习过程中的表现，及时反思自己的不足，从而提高自我认知水平以及优化学习效果，同时帮助教师关注到实时课堂中无法及时注意到的方面，客观地、精准地分析学习者，从而实现因材施教，推动个性化教学发展，提高教学质量。

---

①　胡艺龄. 学习者画像[M]. 北京：教育科学出版社，2022：120.

拓展阅读 4-2：学习者分析案例

案例 1：小学语文一年级《日月水火》（第五课时，新授课）①

《日月水火》教学设计

第一部分：基本信息

姓名	张××	学校	花园村第二小学
学科	语文	联系电话及邮箱	1360××00001 1570××00@qq.com
年级	一年级	教科书版本及章节	教育部审定义务教育教科书语文 一年级上册第一单元
相关领域		识字与写字	

第二部分：学习者分析

（一）识字方面

一年级学生刚刚入学，他们只学习了《天地人》等三篇课文。通过访谈了解到，全班 42 人，26.2% 的学生通过看书，73.8% 的学生通过观察生活中的事物，如景点名称、指示牌等已经认识了本课生字。可见，课前学生已有了一定的生活积累。但是，88.1% 的学生并不了解象形字的构字特点，说不清楚图画和汉字之间的联系。如下图所示。

识记生字

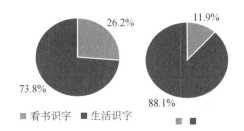

■ 看书识字　■ 生活识字

（二）识记生字情况

写字方面：学生已经知道并实践了正确的执笔姿势和写字姿势，但由于生理及心理的原因，坚持正确的姿势时间会比较短。因此，教学过程中必须经常提醒督促，养成正确书写的行为习惯。学生在前几课的学习中，已经了解了"三看法"（一看结构、二看笔画、三看笔顺）的写字方法，要继续引导，以形成习惯。本节课"火"字的笔顺，学生容易写错，要加以提醒并进行书写练习。

---

① 北京市海淀区教育科学研究院. 海淀信息化教与学模式案例集（一）[C]. 北京：北京市海淀区教育科学研究院，2022：9.

案例2：小学数学四年级《确定位置》①

第一部分：基本信息

姓名	王××	学校	北京市海淀区 花园村第二小学
学科	数学	—	
年级	四年级	教科书版本及章节	北师大版四年级上册 五单元第二课时 《确定位置》
相关领域		图形与几何	

第二部分：学习者分析

（一）学生知识、能力分析

在教学数对确定位置时，大部分老师都是以"座位"为情境展开教学，确实可以让学生更容易抽象出行与列，为后续用数对在方格纸上确定位置做铺垫。但为了让学生能够亲身探究知识的本质，是否可以换一种更为开放的情境问题，让学生自主探究，不断接近知识的"真相"。学生对于平面上确定点的位置理解到什么程度？怎样的情境能够更贴合学生"数对"的学习呢？基于此，我设计了以下调研。

调研对象：四年级3班 42名学生

> 1. 学校要组织接力比赛，在操场上摆放标志杆，图中·是标志杆的位置，你能想办法确定出标志杆的位置吗？可以写一写或画一画。
>
> 2. 表述标志杆的位置，让体育老师明白标志杆摆在哪？

调研结果：

方法	典型案例	人数 （百分比）	结果分析
用一个数据确定位置	 2.表述标志杆的位置，让体育老师明白标志杆摆在哪？ 标志杆的位置就在5cm和4cm中间。	9.5%	学生用"离左边或右边的距离"这样的方式确定标志杆的位置，没有考虑到这种方式所确定的位置不具有唯一性

① 北京市海淀区教育科学研究院. 海淀信息化教与学模式案例集（二）[C]. 北京：北京市海淀区教育科学研究院，2023：101-108.

续表

方法	典型案例	人数（百分比）	结果分析
用两个数据确定位置	 2.表述标志杆的位置，让体育老师明白标志杆摆在哪? 答：离操场北侧2cm，离操场西侧5cm。	14.3%	学生从横竖两个方向观察测量，找到交点，准确确定标志杆的位置
用多个数据确定位置	 2.表述标志杆的位置，让体育老师明白标志杆摆在哪? 答:从左走是5cm，从下走是3cm，从右走是4cm，从上走是2cm。	11.9%	学生借助多个数据来确定点的位置，但是没有进行数据的筛选，找到最优方法
用大致方向或区域描述点的位置	 2.表述标志杆的位置，让体育老师明白标志杆摆在哪? 标志杆在中心点的右上方。	71.4%	学生有通过方向或是不断画区域缩小范围的意识，但是无法准确确定出点的位置，没有平面上确定点的方法
用方格确定点的位置	 2.表述标志杆的位置，让体育老师明白标志杆摆在哪? 右数5行，上数3行。	4.8%	学生有画方格确定点的意识，能够表述点的位置，但是对于观测点以及行和列的概念不清晰

（二）学生信息意识分析

1. 对信息的识别力

21 世纪逐渐向世界多极化、文化多样化、经济全球化、社会信息化深入发展，学生获取信息的途径也更加多元。我校四年级学生经过四年的数学学习经历，大部分学生比较善于交流，对信息具有敏锐的觉察力，能从冗杂的信息中发现自己感兴趣的问题，能够从图和文字中识别出数学信息。

2. 对信息的感知力

我所教授的四年级学生在平时数学课的学习中，能够借助多媒体信息技术进行自主学习思考，相互交流讨论，提升学习效率。他们虽然能够捕获所需信息，但是不全面，部分学生无法正确地分析信息，对于确定位置这样的问题还需要借助更加直观的信息技术手段辅助理解，这就需要教师为学生搭设平台，提供学习资源，设计任务活动，让学生主动参与到学习中，提升对信息的感知力，达到深度学习。

3. 利用信息解决问题的意识

学生能够从复杂信息中辨别关键信息，通过加工，利用信息解决问题。从调研中能够看出，学生解决问题的方法多种多样，具备了一定的逻辑思维能力和探究能力，但是部分学生的学习能力还需增强，学生思维程度良莠不齐。针对这种情况，可以利用演示文稿、影音视频等信息技术，帮助学生在直观学习中提升探究能力。

（三）我的思考

大部分学生在平面上确定位置时，考虑的因素还是不全面，学生仅停留在确定大致的范围或在线上确定位置，无法准确地确定平面上点的位置；还有部分学生容易受到生活实际测量单位、测量方法等因素的影响。会用方格法确定位置的学生很少，并且他们不清楚数学中规范的表达。为促进学生全面发展，信息意识在培养人的思维能力和创新能力方面也是不可替代的。信息环境与技术工具怎样支持教与学的深度发生？技术如何呈现才能最大程度地发展学生的创新意识与空间想象能力？基于学生调研，我想，在教学时应当设计并通过信息技术为学生提供更为贴近生活的情境，引导学生从面关注到线再到点，逐渐丰富确定位置的要素，找到方法间的共性，从而抽象出方格。在描述路线的动态过程中理解数对的意义并会用数对的方法确定位置。同时，在教学环节中要融入信息技术，帮助学生培养信息意识，激发学习兴趣，突破教学的重难点。

第二节　学习任务（内容）分析

一、什么是学习任务（内容）分析

（一）任务分析的起源与内涵

学习任务分析（教学任务分析、工作任务分析）是从任务分析演变而来的，首先我们需要简要了解一下任务分析。

任务分析起源于第二次世界大战，由于战争期间军事装备技术的持续发展要求被培训人员学会如何去操作与运用这些装备，许多心理学家参与了培训程序的设计，包括著名的心理学家加涅、米勒等。加涅等在进行培训程序设计的过程中意识到，要首先对学习过程进行分析，同时也要分析学习任务的类型和学习的内外部条件。于是，心理学家米勒最早提出了"任务分析"的概念，随后任务分析迅速向人员培训的更广阔的领域拓展。1962 年，任务分析被引入工业人员的培训并发展成为作业分析，至今它仍是工业心理学的一项研究。而将任务分析引入教学领域并且作为教学设计中的一个重要环节，其理论和技术的发展应主要归功于加涅，加涅在 1940 年提出了"任务分析法"，强调了任务分析对培训和教学的作用。

对于任务分析的内涵，也有多种多样的解释，国内学者皮连生认为任务分析也称工作分析，是一种教学设计的技术，指在开始教育活动之前，预先对教学目标中所规定的、需要学生习得的能力或倾向的构成成分及其层次关系加以评析，为学习的顺利安排和教学条件的创设提供心理学依据。[1][2]

（二）学习（教学）内容分析

与学习任务表述密切相关的是学习（教学）内容，这一阶段也可被称为教学内容或学习内容分析。所谓学习（教学）内容，是根据教学目标，有目的地选择的一系列直接经验和间接经验的综合，是从人类的经验体系中选择出来的，按照一定的逻辑序列组织编排而成的知识体系和经验体系。内容分析一般包括对学科课程标准、教材、教辅材料等所承载内容的分析。[3]学习（教学）内容分析就是借助目标分析将教学目标转化为一份关于步骤和子步骤的示意图（图 4-5），然后借助这些步骤推衍出完成目标所需的下位技能和起点行为。

在教学内容分析这项工作中，需要包括学科教师、学科专家和教学设计专家等多学科领域的合作。学科教师、学科专家、职业培训专家等负责确定教学或培训的内容，对内容的思想性和科学性进行把关。

二、教学内容之间的关系

教学内容的各组成部分不是孤立存在的，相互之间具有一定的联系。教学内容之间的联系一般有三种类型（图 4-6）：①并列型，其特点是各学习内容之间相对独立，先后顺序可以随意安排；②顺序型，特点是前一个内容构成了后一个内容的基础，所以它们的顺序不能颠倒；③综合型，包含并列型和顺序型。实际

---

① 皮连生. 教学设计——心理学的理论与技术[M]. 北京：高等教育出版社，2000：73-74.
② 杨心德，徐钟庚. 教学设计中的任务分析[M]. 杭州：浙江大学出版社，2008：6-7.
③ 尚俊杰. 学习科学导论[M]. 北京：北京大学出版社，2023：401.

上，许多教学内容的各组成部分之间的联系都是综合性的，如课程涉及的教学设计过程的各基本环节之间存在序列联系，各设计环节往往又由若干并列的下属知识和技能组成。

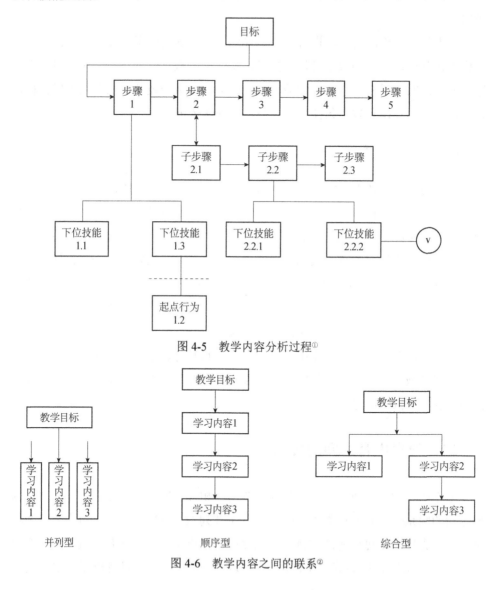

图 4-5 教学内容分析过程①

并列型   顺序型   综合型

图 4-6 教学内容之间的联系②

---

① 〔美〕W. 迪克，〔美〕L. 凯瑞，〔美〕J. 凯瑞. 系统化教学设计[M]. 6 版. 庞维国，译. 上海：华东师范大学出版社，2007：94.

② 杨九民，梁林梅. 教学系统设计理论与实践[M]. 北京：北京大学出版社，2008：54.

三、学习任务（内容）分析的方法

（一）归类分析法

适用于分析相互之间没有逻辑关系的言语信息，旨在鉴别为实现教学目标而需学习的知识点，把需学习的知识点划分为无难易层级关系的知识类别。例如，一个国家的省市名称可以按照地理区域的划分来归类；人体外表各部位的名称可以由上向下按照头、颈、躯干、上肢、下肢来分类等。

（二）层级分析法

层级分析法是用来揭示教学目标所要求掌握的从属技能的一种内容分析方法。这是一个逆向分析的过程，即从已确定的教学目标开始考虑要求学习者获得教学目标规定的能力，学习者必须具有哪些次一级的从属能力？而要培养这些次一级的从属能力，又需具备哪些再次一级的从属能力？依次类推。可见，在层级分析中，各层次的知识点具有不同的难度等级，即越是在底层的知识点，难度等级越低（越容易），越是在上层的难度越高，例如加涅关于智慧技能的层级分析（图4-7）；而在归类分析中则无此差别。

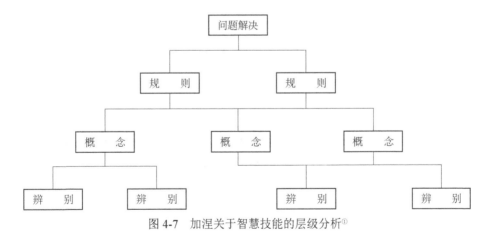

图 4-7 加涅关于智慧技能的层级分析①

层级分析的原则虽较简单，但具体做起来却不容易。它要求参加教学设计的

① 〔美〕R. M. 加涅，〔美〕W. W. 韦杰，〔美〕K. C. 戈勒斯，等. 教学设计原理[M]. 5 版修订本. 王小明，庞维国，陈保华，等，译. 上海：华东师范大学出版社，2018：160.

学科专家、学科教师和教学设计者熟悉学科内容，了解教学对象的原有能力基础，并具备较丰富的心理学知识。

（三）信息加工分析法

信息加工分析法由加涅提出，是将教学目标要求的心理操作过程揭示出来的一种内容分析方法，这种心理操作过程及其所涉及的能力构成教学内容。例如，学习菱形概念的过程即反映了这种信息加工过程（图4-8）。

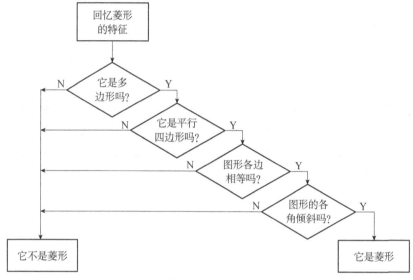

图 4-8　学习菱形概念的信息加工过程分析①

第三节　从课时教学到单元重构：面向核心素养的教学设计实践案例之二

北京市十一学校在探索如何在课堂上落实核心素养的过程中，在教学内容的组织和分析方面形成了如下实践经验。

---

① 盛群力，等. 教学设计[M]. 北京：高等教育出版社，2005：98.

一、课时教学主要以一节课为单位进行设计

课时教学具有悠久的历史，经过不断摸索和积累，课时教学的环节已经比较完善。在课时教学中，教师针对一节课的时长，制定教学目标，确定教学内容。在教学实施时，从新课的引入到具体内容的展开再到最后的课堂小结和反馈，都在一节课内完成，并确保学生掌握所学内容，做到"堂堂清"。

二、课时教学难以形成学科大概念

课时教学虽然具有教学环节完善、落实知识点高效等优势，但由于教学时间短，教师在确定教学目标时更多地指向知识和技能领域，相对缺乏对世界的完整认识和体验，对作为一个完整人应具有的综合能力和素养的培育也不够，因此难以形成学科大概念，也很难承载形成学科大概念所必需的"深入、持久"的理解和探究。

三、单元学习是落实核心素养的有效路径

在新课标的实施中，各学科都提出了学科核心素养，以指导课堂教学从以知识为本转向以素养为本。新课标要求教师不能机械地讲解脱离生活的抽象理论，不能简单传授琐碎的知识点，而要选择重要的学科大概念，用恰当、生动的方式，通过深入的探究学习、合作学习帮助学生完整的认识和把握世界。学科大概念与具体的知识点不同，它们比较抽象、比较概括，不像具体知识点那么容易学习。这就决定了学习学科大概念需要较长时间，需要学生不断体验、持续思考和长久理解。

以单元进行教学设计，以问题解决为中心，通过较大的主题或者项目开展学习，能给学生更充分的体验和探究的时间，能让学生在比较长的时间内不断思考、反复实践、合作分享，从而形成学科的思想方法、大概念、大观念以及价值观。例如，过去语文课常常进行单篇教学，课堂上师生学习字词语句，分析段落大意、中心思想，努力挖掘每一篇文本的识字、阅读、写作等方面的功能，将文本当作学习、模仿的对象，此时的教学目标就好像解读文章。这样的教学难以达

成语文学科的"语言建构与运用""思维发展与提升"的核心素养。而语文学科核心素养中的"语文学习任务群"以任务为导向,以学习项目为载体,整合学习情境、学习内容、学习方法和学习资源,引导学生在运用语言的过程中形成价值观、提升语文素养。

四、单元重构的首要任务是单元目标的重构

重构的学习单元不是一般意义的复习单元,更不是普通的知识整合单元,而是以落实核心素养为目标,在细化课程标准的基础上,系统分析课程内容所承载的价值,根据学生实际情况,整体设计以问题解决为中心、实现学生学习的"学习单元"。

一个完整的单元设计包括单元目标、单元内容、单元实施和单元评估等。重构一个单元也必然涉及单元目标的重构、单元内容的重构、单元实施的创新,以及单元评估的改进。在所有改变中,单元目标是关键,是核心。只有单元目标重构,单元内容才会依据新的目标进行重组,单元评估才会依据新的目标进行调整。如果单元目标没有重构,没有新的立意、新的定位,其他内容也就很难有相应的改变和调整。

(一)定位于知识点的教学目标没有必要进行单元重构

相较于学科概念,知识点较小、较具体。通过课时教学,教师完全可以讲清楚知识点,学生也可以对其理解和掌握,因此没有必要进行单元重构。即使进行了单元教学,如果教学目标没有重构,没有设置必须通过单元教学才能实现的教学目标,没有设计必须通过单元教学才能完成的任务,那么,此时的单元教学与课时教学没有本质区别。

(二)重构的单元目标应立足于迁移应用和持久理解

重构的单元目标是为了更好地落地核心素养,在制定具体目标时,有两个目标不容忽视:一个是运用所学内容解决问题的迁移应用目标(知识的迁移应用体现了学科价值);另一个是通过基础性的知识技能进行意义建构的目标,

即对学科大概念与核心问题持久理解的目标（持久理解有利于形成学科思想）。这两个维度既可以成为重构单元的切入点，也是制定单元目标的立足点。只有将这两个目标想清楚，重构的单元才有意义，才能成为落实核心素养的学习单元。①

① 王春易，等. 从教走向学：在课堂上落实核心素养[M]. 北京：中国人民大学出版社，2020：43-66.

第 五 章

有效教学设计的核心：以学习
为中心的教学策略

第一节　认识教学策略

一、教学策略的概念与特征

（一）什么是教学策略

策略是为达到某种目的使用的手段或方法。教学策略是在一定的教学观念指导下，为了有效达成预定的教学目标和完成教学任务，教师所采取的具体教学措施。[①]或者可以认为，教学策略是为实现特定教学目标而采用的教学内容顺序、教学环节、教学组织形式、教学方法和教学媒体等因素的总体考虑。[②]

（二）教学策略的特征

1. 系统性

教师在选择和制定教学策略时，必须对教学目标、教学方法、教学内容、教学媒体及组织形式等进行综合考虑。

2. 易操作性

教学策略既具备一定程度的概括性，同时又具有一定的实用性和易操作性。因此，教学策略需要提供教师和学生在具体教学中参照执行或操作的详细方案，是教师实施教学的基本依据。

3. 开放灵活性

教学策略不是固定不变的，而是具有一定的开放性、灵活性和生成性。因此，应该根据不同的教学目标、内容和任务要求，参照学生的学习状态因地制

---

① 张家军，钱晓坚. 有效教学策略论[M]. 北京：人民出版社，2018：16-18.
② 张祖忻，章伟民，刘美凤，等. 教学设计——原理与应用[M]. 北京：高等教育出版社，2011：156-157.

宜、因人而异、灵活应用。[①]

（三）教学策略与教学模式、教学方法的关系

教学策略与教学模式、教学方法既有区别也有联系。从教学理论到教学实践的过渡转化，是教学理论—教学模式—教学策略—教学方法—教学实践的过程（图 5-1）。

图 5-1　教学模式、教学策略和教学方法的关系[②]

因此，教学策略是对教学模式的进一步具体化，而教学方法是教学策略的进一步具体化，即教学策略的上位概念是教学模式，下位概念是教学方法。

二、教学策略的类型

（一）根据教学过程划分

教学策略可以以教学过程的推进和展开的顺序对教学策略进行研究和分类。一般会根据教学前、教学中和教学后三个环节来形成不同的教学策略。

1. 课前：教学准备策略

教学是一种有目的、有计划的行动，因此在教学正式开始之前，教师需要进行教学准备，也就是通常所说的"备课"，是指教师在教学活动实施之前，在心理和物质等方面为教学的顺利开展预先做的各种工作。教学准备策略涵盖课堂教学的基本要素，包括教学的目标、内容、行为及组织形式等。

2. 课中：教学行为策略

教学行为策略指教师在课堂教学中为了完成某一特定的教学目标或教学内容所表现出的各种行为的总和，包含教学内容的呈现行为策略、对话策略、指导行

---

① 张家军，钱晓坚. 有效教学策略论[M]. 北京：人民出版社，2018：18-21.
② 尚俊杰. 学习科学导论[M]. 北京：北京大学出版社，2023：417.

为策略、动机激发策略及师生交流策略等。

3. 课中：课堂管理策略

课堂管理是教师通过协调课堂内的各种人际关系，从而有效的实现预定教学目标的过程。课堂管理策略主要包括课堂中的课堂行为管理策略和课堂时间管理策略：①课堂行为管理策略指的是制定课堂规则，对出现的问题行为进行管理的策略。课堂行为管理不仅有利于维持良好的教学秩序，还有助于引导学生积极地参与学习活动，提高学习效率。②课堂时间管理策略主要是指教师根据学生大脑及学习的科学规律，合理安排课堂的教学活动和教学进程的策略。

4. 课后：课堂教学评价策略

教师可以通过课堂教学评价策略对课堂教学成果进行总结，以便在下一阶段的教学中进行改进，主要涉及学生学业成就的评定与教师教学工作业绩的考评，此外还涉及家庭作业的布置。

（二）根据认知过程划分

在具体的教学中，学生的认知过程对教师实施教学策略有很大影响。因此从认知过程的角度，可将教学策略分为激发学习动机的策略、组织认知内容的策略及利用学习反馈的策略等。

1. 激发学习动机的策略

真实的学习需要学生全部身心的参与，然而学生很难整堂课都保持高昂的热情，为了使学生的学习热情保持最佳水平，教师在教学过程中应该注重和采用激发学习动机的有效策略。

2. 组织认知内容的策略

学生头脑中的知识体系是由课程内容、教材的结构和序列、教师的学习活动设计等转化而来的，因此教师在教学过程中必须追求有利于学生理解和应用的教学内容组织方式，这样才能够更好地促进学生的知识建构和思维发展。

3. 利用学习反馈的策略

教学目标达成的最佳控制必须依赖利用学习反馈的策略。实际上，反馈作为适应技巧，可以调节学生的学习行为和调整教师的施教行为，以便实现教学相长。反馈作为教学运行机制，有助于教师掌握教学过程始末的因果联系，及时、针对性地反馈，还有助于学生的个性化学习。[1]

第二节 激发学习动机的有效策略

一、学习动机是影响学习成效的重要因素

动机是激发和维持个体行为并指向一定目标的内部状态。学习动机（学业动机）则反映了学习者愿意为理解学习材料付出的努力——参与知识的选择、组织和整合的认知加工过程。除非学习者付出努力进行适当的认知加工，否则有意义学习不会发生。因此，研究者指出学习动机是有意义学习发生的先决条件。[2]

具体而言，动机对于学习者学习的影响和促进作用可以体现在如下几个方面：①激发个体产生学习行为。②决定学习方向。学习者在学习动机的推动下，会朝着学习目标的方向前进。③保持学习毅力。大量实践经验和研究结果证实，学习动机水平高的学生能够在长时间的学习活动中保持认真的学习态度并坚持完成学习任务，而学习动机水平低的学生则缺乏学习活动的稳定性和持久性。④影响学习效果。学习动机通过影响学习努力程度、集中程度等因素而影响学习效果。值得注意的是，通常来说学习动机水平比较高，学习效果也会比较好。但是学习动机水平如果超过一定限度，学习效果则可能变差。[3]

> **拓展阅读 5-1：激发学习动机是教师教学实践中面临的关键问题之一**
>
> 在本研究团队梁林梅教授主持的中国大学 MOOC 教师教育在线开放课程"应用学习科学改进教学策略"[4]讨论区"我目前在教学中面临的主要问题"发言中，激发学习动机是教师教学实践中面临的关键问题之一。

---

① 张家军，钱晓坚. 有效教学策略论[M]. 北京：人民出版社，2018：18-27.
② 〔美〕理查德·E. 梅耶. 应用学习科学——心理学大师给教师的建议[M]. 盛群力，丁旭，钟丽佳，译. 北京：中国轻工业出版社，2016：39.
③ 尚俊杰. 学习科学导论[M]. 北京：北京大学出版社，2023：174.
④ https://www.icourse163.org/course/icourse-1003589005.

● 我是一名初中教师，具有 8 年的教学经验。我目前在教学中面临的主要问题是课堂效率不高，学生的学习积极性调动不起来。

● 我是高中教师，具有 26 年的教学经验。我目前在教学中面临的主要问题是如何调动学生的学习热情。

● 我是一名中学教师，具有 11 年的教学经验。我在教学中面临的问题主要是如何让学生愿意学习。

● 我是一名小学数学教师，具有 6 年的教学经验。我目前在教学中面临的主要问题是课堂上老师讲课激情澎湃，但学生积极性很差，配合不默契，师生节奏有差距，课堂效果很差。

● 我是高校教师，具有 10 年的教学经验。我目前在教学中面临的主要问题是如何调动学生的学习热情。

二、激发学习动机的关键原则

原则 1：当学生感到有能力达成期望时，他们会更有动力

大量的研究报告显示，那些认为有能力完成特定任务（高自我效能感）的学生会选择更加具有挑战性的问题、投入更多的努力、坚持更长时间，并且会积极参与到学习活动过程当中。

原则 2：当学生重视学习科目并且有一个明确的目标时，他们更有动力参与到学习活动中

如果学生认为学习任务没什么价值，那么他们就不可能主动参与到学习活动中并且保持投入。完成预期任务所带来的满足感与自豪感能够为他们提供能量。已有研究表明，学生关于某一领域重要性、趣味性和相关性的认识是其能否坚持投入、是否选择具有挑战性任务，以及是否学习该科目的最好预测器。

原则 3：当学生对学习活动持有积极的情绪时，他们会更有动力参与到学习活动中

不同的学习经历塑造了学生的学习情绪。积极情绪和消极情绪被整合到特定的心理表征当中，积极情绪主要是在长时记忆中进行编码的，表明某个人做得很

好，从而引发积极情绪状态和对个人表现的有利判断。积极情绪表明个人的心理需求——对能力、自主性以及社会连接的需求得到了满足，从而激励个人主动地、有建设性地参与到学习过程当中。积极情绪为学生提供能量，因为他们会把注意力定位在与任务以及学习环境相关的线索上，从而创造出最佳的学习、自我管理和达成成就的内部环境。

原则 4：当学生能够管理他们的资源并且有效地处理障碍时，他们的学习会更加持久

通常情况下，课程和教师会指定需要学习的内容以及完成的时间。学生需要理解学习任务、在分配的时间内完成并且在需要的时候请求帮助和反馈。在理想情况下，学生应当在开始学习任务之前使自己了解这个任务，从而能够明确任务的目标和将要达到的结果。建立一个清晰且具体的学习目标可以帮助学生选择合适的学习策略，并且帮助他们评估需要付出多少时间和努力。这些必要的目标管理、时间管理及资源管理策略，能够让学生牢记完成任务的重要性，特别是在遇到困难的时候，帮助学生保护他们学习的意愿。

原则 5：让学生感觉到周围的环境有利于学习时，他们会更加有动力参与到学习活动中并且使用动机调节策略

学生在社会和课堂情境中学习，这些情境与他们的个人特征、动机信念和个人策略进行交互。他们和其他同学共同参与到学习活动中，观察他人的成功和失败，学生通过观察和参与社会活动来理解并整合学习策略。他们对于学习任务及其学习情境的评估是在特定的教育和社会情境中共同建构的。因此，不同的教育情境为学生提供不同结构层次、不同动机、不同社会及不同情绪方面的支持。教师所选择的不同任务以及任务所发生的不同学习环境对学生的激励有所不同，教师组织学习并且设计社会情境的方式也会影响学生的学习兴趣。

三、ARCS 动机激发模型

美国学者凯勒长期致力于教育技术领域动机研究，凯勒认为动机激发是一个问题解决的过程，起始于动机问题的理性分析，落脚于针对特定问题合适的动机策略的开发，并提出了影响广泛的 ARCS 动机激发模型。

（一）注意

注意是学习者进行学习活动的前提条件。首先要引起学习者的注意，其次才能使其进行下一步的学习。在教学过程中，教师应该更多地利用学习者的有意注意来激发和维持学习动机。在具体的实施过程中，教师可以采用如下策略。

1）知觉激活。作为教师，我如何做才能够吸引学生的兴趣？

2）探究激活。我怎样才能够激发学生探究的渴望？

3）多变性。我怎样运用多种教学策略才能维持学生的注意等？

（二）相关

尽管教师可能获得学习者暂时的注意力，但是很难维持，特别是当他们不能意识到接下来的教学与他们有什么关联时。因此教师要让学习者知道他们所从事的学习活动是与他们有关联的。最基本的手段是使学习者认识到学习活动与他们过去的经验或以前学习的知识或某种利益相关。在具体的实施过程中，可以采用如下策略。

1）目标指向。我怎样做才能满足学习者的需求？

2）动机匹配。我如何才能激发学生的学习动机？

3）熟悉性。我怎样把教学与学习者的经验联系起来？

（三）自信

具备较高学习动机水平的学习者也一定相信自己能够掌握学习目标。缺乏自信的学习者通常也缺乏动力。过于自信的学习者也有问题，他们会认为没有必要参加学习活动，因为他们已经全部知道了。教师在面对缺乏自信或过于自信的学习者时的最大挑战是创建适度的成功期望。帮助学生提高自信的具体教学策略包括如下几个方面。

1）引导学生期待成功。我怎样才能帮助学生者建立起积极的成功期望？

2）正确归因。学生如何清楚地了解自己所获得的成功，是基于他们自己的努力和能力吗？

3）挑战性情境。我如何为学生的学习提供具有挑战性的情境？

（四）满意

教师要让学习者有学习成果，要让学习了解只要努力就会有收获，为学习者提供真实的问题解决情境，让他们应用已学的知识去解决实际问题。高动机依赖于学习者是否能够从学习经历中得到满足，也有人将其视为强化。

需要注意的是，注意、相关、自信和满意是一个整体，没有主次之分，缺少任何一个要素，都可能使学习者丧失学习动机。因此，教学的设计与实施要系统考虑到这四个要素，忽视任何一个要素，都可能导致教学实施的无效甚至失败。简言之，ARCS 动机激发模型为教师展示了这样一个过程：为了激发一个人的学习和工作动机，首先要引起其对一项学习或工作任务的注意和兴趣；再使其理解完成这项任务与他密切相关；接着要使其觉得自己有能力做好此事，从而产生信心；最后让其体验完成学习或工作任务后的成就感，并感到满意。①

第三节　基于学习科学的有效教学策略

虽然将学习科学研究成果应用于课堂教学实践需要一个长期的过程，但是在学习科学快速发展的这三十多年里，许多学者也针对"如何进行有效教学"提出了一些具有启发和指导意义的研究成果及相关建议。例如，美国著名教学设计专家迪克等指出，教育心理学家已经对"人类是如何学习的"这一问题做了大量研究。一个人如果对这类研究有所涉猎，就会感到它似乎很深奥，而且基本上与真实生活中的学习情境相脱节。尽管如此，心理学家还是成功地识别出学习过程中的几个主要成分，当这些学习成分被呈现出来时，几乎总能促进学习。其中三种成分是动机激发、预备从属技能、练习和反馈。②又例如，美国著名教育心理学家、概念图创始人诺瓦克（J. D. Novak）提出了教学和学习的六大原则：①必须激发起学生的学习动机，学生必须选择去学习，否则什么学习都不会发生；②教师必须理解学生的先前知识；③教师应该对将要教授的概念性知识进行组织；

① 梁林梅，杨九民. 教育技术学[M]. 北京：北京大学出版社，2012：114-115.
② 〔美〕W. 迪克，〔美〕L. 凯瑞，〔美〕J. 凯瑞. 系统化教学设计[M]. 6 版. 庞维国，译. 上海：华东师范大学出版社，2007：188.

④教师应该组织和创建教育情境以促进学习；⑤教师应该对学生的知识掌握情况和情绪、情感保持敏感；⑥教师应该对学生的学习进行持续的评估，并对学生的学习进行有效的指导和及时激励。①哈蒂关于影响学生学业成绩的教学策略因素研究表明，以下策略对于学生的学业成绩具有较大的促进作用：学生的期望和目标、可靠的教师、形成（过程）性评价、课堂讨论、反馈、师生互动、良好的师生关系、练习、元认知、课堂参与行为等。②

教学策略是学习科学研究成果向教师教学实践转化的关键环节和重要"桥梁"③，教学策略的设计和开发对于教师实施有效的教学至关重要。过去教师的教学策略和方法主要来自经验以及通过思辨所得的理论，随着学习科学、脑科学及信息技术的飞速发展，并经过几十年的积累，已有研究成果可以为教学提供更多的基于实证研究的教学策略。基于美国教学设计专家迪克等提出的教学策略开发的五大成分（教学导入活动、内容呈现、学习者参与、评估、跟踪活动）④，结合我国课堂教学的实际情况，本节从"课前、课中和课后"三个方面介绍和总结基于学习科学的有效教学策略。

一、课前建立新旧知识联系有效策略

学习科学中一项重要的研究发现，学习总是发生在原有知识背景下，学习者并非等待灌输的空容器，而是带着对现实世界各种各样的认识来到课堂的。⑤因此，教育从来都不是从白纸上开始的，教师要采用一些教学策略，尽可能将学生现在所学的知识与其原有知识经验联系起来。在经典的行为研究中，被试要求听散文段落，然后测试他们的记忆情况，结果发现，与没有接受相关知识和线索的参与者相比，那些在听散文前就接受了相关知识和线索的参与者表现出更好

---

① 〔美〕约瑟夫·D. 诺瓦克. 学习、创造与使用知识——概念图促进企业和学校的学习变革[M]. 赵国庆，吴金闪，唐京京，等，译. 北京：人民邮电出版社，2016：推荐序.

② 〔新西兰〕约翰·哈蒂. 可见的学习：最大程度地促进学习（教师版）[M]. 金莺莲，洪超，裴新宇，译. 北京：教育科学出版社，2015：274.

③ 梁林梅，李志. 从学习科学到教学实践变革——教师学习科学素养提升的关键概念与有效教学策略[J]. 现代教育技术，2018（12）：13-20.

④ 〔美〕W. 迪克，〔美〕L. 凯瑞，〔美〕J. 凯瑞. 系统化教学设计[M]. 6版. 庞维国，译. 上海：华东师范大学出版社，2007：201.

⑤ 〔美〕R. 基思·索耶. 剑桥学习科学手册[M]. 徐晓东，等，译. 北京：教育科学出版社，2010：2.

的理解能力和回忆能力。①而基于 fMRI 的相关研究证据也表明，大脑内侧前额叶皮层和内侧颞叶区域可能参与了与先验知识相关的新信息编码过程，其中内侧前额叶皮层处理新信息与已有经验库的关联和集成，而内侧颞叶区域的海马参与识别和编码新信息以及处理与情境不一致的信息。②已有知识只有是正确的、充分的、恰当的且被激活的才有助于新知识的学习，相反，不正确的、不充分的、不恰当的或不能被激活的就无助于新知学习甚至会阻碍新知学习。③

　　激活已有知识的策略一般用于课前或者导入环节，包括诊断性评估（提问、作业分析、课前练习）、画思维导图、K-W-L 表④等工具方法，还可以使用先行组织者帮助学生建构能够贯穿整个单元的知识⑤，或使用线索问题帮助学生建立联系。最简单的方式就是口头提问，或者让学生浏览课本，看其能否通过标题、图片等信息回忆出相关内容。在激活已有知识的过程中，教师要对学生不正确的知识进行纠正，对不充分的知识进行补充，对不恰当的知识进行修正。

拓展阅读 5-2："K-W-L" 意义建构策略

　　"K-W-L" 教学策略最初是由美国学者奥格尔（D. Ogle）于 1986 年提出的，用于在课堂阅读前激发学生关于学习主题所拥有的背景知识。其中，"K" 是指 "What we know"，即在阅读前获取学生对于相关主题已经知道什么；"W" 指 "What we want to find out"，即对于所要阅读的主题学生想知道什么；"L" 指 "What we have learned and still need to learn"，即对于相关阅读主题学生学到了什么。发展至今，"K-W-L" 教学策略既可以帮助学生建立起新旧知识之间的联系，也能够作为一个学习支架促进学生进行主动的意义建构。具体而言，"K-W-L" 教学策略的实施包括如下三个步骤：回忆和提取我所知道

---

　　① Bransford J D，Johnson M K. Contextual prerequisites for understanding：Some investigations of comprehension and recall[J]. Journal of Verbal Learning and Verbal Behavior，1972，11（6）：717-726.

　　② Brod G，Werkle-Bergner M，Shing Y L. The influence of prior knowledge on memory：A developmental cognitive neuroscience perspective[J]. Frontiers in Behavioral Neuroscience，2013，7（1）：139.

　　③〔美〕苏珊·A. 安布罗斯，米歇尔·W. 布里奇斯，米歇尔·迪皮埃特罗，等. 聪明教学 7 原理 基于学习科学的教学策略[M]. 庞维国，等，译. 上海：华东师范大学出版社，2012：11.

　　④〔美〕罗伯特·J. 马扎诺，〔美〕黛布拉·J. 皮克林. 培育智慧才能——学习的维度教师手册[M]. 盛群力，何晔，张慧，等，译. 福州：福建教育出版社，2015：48-49.

　　⑤〔美〕唐娜·沃克·泰勒斯通. 提升教学能力的 10 项策略：运用脑科学和学习科学促进学生学习[M]. 李海英，译. 北京：教育科学出版社，2017：31-33.

的、确定我想要学习的、总结和反思我所学到的。

1. K（我所知道的）

在学习新的教学内容之前，学生要知道关于这个主题他们已经知道了什么。教师可以采用头脑风暴法让学生回忆和提取对将要学习的主题或内容的了解，其目的是要激活学生的已有知识，为新的学习做好准备。

2. W（我想要学习的）

接下来教师让学生针对即将学习的主题或内容，提出他们感兴趣或希望深入学习与探讨的内容，可以将学生组成合作学习小组开展探讨。

3. L（我所学到的）

在学习活动之后，教师需要引导学生进行学习总结和反思，促进学生的知识建构和深度学习的发生。[1][2]

二、课中教学行为策略

（一）教学时间管理：分段教学策略

认知心理学的研究发现，当个体加工新信息的时候，信息的保留量最主要取决于它在学习情境中呈现的时刻。人们对最先出现的那些内容刺激记忆效果最好，其次是最后出现的那些刺激，而对刚刚在中间位置之后呈现的刺激记忆效果更差。这就是人类记忆的"系列位置效应"（serial positioning effect）或称首因效应（primacy effect）、近因效应（recency effect），是指一系列处于不同位置的信息或材料，人们对其记忆效果大不相同，其中首尾记忆效果最好，这是影响人记忆效果的一个普遍规律。之所以存在首因效应，是因为开始的信息部分有较多的复述机会，末尾信息是刚刚学过的，仍然保存在工作记忆中，更容易被提取[3]。因此，在课堂教学中，首先，教师要把握开始和结尾的时间，提供最准确和最重

① 董艳，聂静雨，蔡翔英. 关联新旧知识的 KWL 教学模式发展研究[J]. 电化教育研究，2020（8）：33-42.
② 〔美〕唐娜·沃克·泰勒斯通. 提升教学能力的 10 项策略：运用脑科学和学习科学促进学生学习[M]. 李海英，译. 北京：教育科学出版社，2017：38-40.
③ 孟昭兰. 普通心理学[M]. 北京：北京大学出版社，1994：189-190.

要的信息，以促进学生对信息的记忆。其次，教师可以让学生进行分段记忆，这样可以使其更容易地记住每段的开头和结尾。

将首因效应应用于学校中小学 40 分钟的课堂教学，研究者发现实际上存在两个学习的高效期和一个学习的低沉期（图 5-2）[①]。

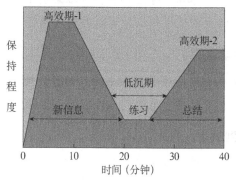

图 5-2　学习情境中保持程度的变化及教学内容的合理安排

基于上述原理，研究者建议教师要根据不同的教学时间段来合理安排课堂的教学内容。具体而言，教师要把重要的、有一定难度和挑战性的学习内容放在课堂的第一个高效期进行，因为学生会比较容易地记住在这一阶段所学习的内容。而且，教师必须确保在这一段时间内所呈现的信息是正确的，要避免将宝贵的高效期时段用于课堂管理（比如讲纪律）；在低沉期，教师应该安排学生对新的学习材料进行练习和回顾，因为这一阶段的练习有助于帮助学生将新的学习材料进行进一步的深度加工；在第二个高效期，教师应该总结和提炼学习内容，这一阶段是学习者领悟和理解意义的重要时机。因此，对于有效教学而言，课堂的结课环节同样至关重要。

拓展阅读 5-3：不恰当的教学流程

　　上课铃响之后，教师先把前两天布置的作业发下去，并将当天的作业收上来，还要检查一下学生的作业完成情况，批评那些没有及时完成作业的同学，然后宣布放学后的社团活动……当前面的班级管理活动结束，教师开始讲授新

---

　　① 〔美〕大卫・苏泽. 脑与学习[M]. "认知神经科学与学习"国家重点实验室，脑与教育应用研究中心，译. 北京：中国轻工业出版社，2005：72.

的课程内容的时候，学生差不多进入了低沉期。

　　教师下课之前的第二个高效期内没有带领学生进行及时的学习总结，而是让学生在保持安静的条件下随意做与本节课学习内容关系不大的事情。①

　　另外，认知心理学的进一步研究还发现：高效期和低沉期会随着教学情境的长短变化而变化，同时，随着课时长度的增加，低沉期占总时间比例逐渐增大。具体而言，20分钟的教学时段低沉期占比最小（为10%），当学习的时长增加到80分钟时，低沉期会占到总学习时间的38%（表5-1）。

表 5-1　不同学习情境中高效期和低沉期的平均时间②

课程时间（分钟）	高效期		低沉期	
	时间（分钟）	占总时间比例（%）	时间（分钟）	占总时间比例（%）
20	18	90	2	10
40	30	75	10	25
80	50	62	30	38

　　基于上述研究结果，研究者认为20分钟的学习时间段保持效果最好。因此，建议教师采用分段教学的方法：2个20分钟的学习时间段比1个40分钟的课堂学习的高效期多了20%。同样，4个20分钟的时间段比1个连续80分钟的课堂学习更有效。不过，认知心理学的研究也表明，并不是学习时段越短学习效果越好，少于20分钟的学习时间段同样不利于学生对学习内容的掌握。

　　美国策略教学组织原主席泰勒斯通（D. W. Tileston）在以上相关研究的基础上，进一步强调青春期前的孩子的注意力持续时间为5—10分钟，而青少年的注意力持续时间为10—15分钟。因此，不同年龄阶段学生的学习高效期的时间长短应该有所不同。建议中学教师可以用15—20分钟的时间传递知识，然后通过活动或讨论巩固所学到的知识；而建议小学教师应该用5—12分钟的时间传递知识，然后开展多种活动。她还提出了有效教学的"节奏"建议（图5-3）。③

---

　　① 〔美〕大卫·苏泽. 脑与学习[M]. "认知神经科学与学习"国家重点实验室，脑与教育应用研究中心，译. 北京：中国轻工业出版社，2005：73.
　　② 〔美〕大卫·苏泽. 脑与学习[M]. "认知神经科学与学习"国家重点实验室，脑与教育应用研究中心，译. 北京：中国轻工业出版社，2005：74.
　　③ 〔美〕唐娜·沃克·泰勒斯通. 提升教学能力的10项策略：运用脑科学和学习科学促进学生学习[M]. 李海英，译. 北京：教育科学出版社，2017：21-22.

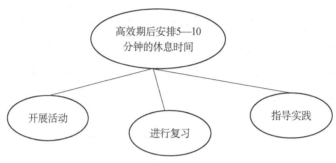

图 5-3   有效教学的"节奏"建议

（二）课堂提问的教学策略

提问是教师在教学中经常使用的一种教学策略，是实现师生互动的重要手段，是促进学生思维发展、实现教学目标的一种行之有效的教学行为方式。课堂提问的最终目的是吸引学生的注意力，使其能够主动参与到课堂学习的过程中，从而激发其主动思考和深度参与，最终促进其理解和深度学习。如果教师能够通过一系列精心设计的、类型丰富、质量优良的有效教学问题贯穿教与学的全过程，将能够极大地促进学习者的深度学习、问题解决能力和高阶思维能力的发展。有学者指出，一般的课堂提问的流程通常包含提出问题、等待时间（给出思考时间）和回答/反馈三个环节。①据此，我们探讨以下三个相关问题。

1. 关于课堂提问的问题类型

关于课堂提问的问题类型，可以有多种分类方式：根据答案的特点，可以分为封闭性问题和开放（发散）性问题：封闭性问题通常是严密的，一般只有一个正确或最佳答案，且答案很容易被评为"正确的"或"错误的"。相反，开放（发散）性问题则要求学生给出较为概括的、自由的答案，正确答案可能不止一个，这些问题需要学生在回答前花时间认真思考他们的答案。

① 〔美〕普莱斯顿·D. 费德恩，〔美〕罗伯特·M. 沃格尔. 教学方法——应用认知科学促进学习[M]. 王锦，曹军，徐彬，译. 上海：华东师范大学出版社，2006：161-163.

也可以依据布卢姆教育目标将问题分为记忆性问题、理解性问题、应用性问题、分析性问题、评价性问题和创新性问题，并将前三类归入低层次（低阶）问题，后三类归入高层次（高阶）问题。对于那些低阶问题，不需要学生太多认知活动的参与，他们对学生的参与程度、知识的精细加工和学生的能力要求较低。而高阶类问题需要学生付出更多的、持续性的思维参与和认知努力，对于学生的参与程度、知识的精细加工和学生之间的合作等提出了更高的要求，实施起来也更有挑战性。

美国学者麦卡锡（B. McCarthy）将课堂问题分为如下四种类型：①"是何"类问题。通常是指以"what""who""when""where"等关键词为引导，指向一些表示事实性内容的问题。这类问题主要涉及事实性知识的回忆与再现，该类问题的解决意味着事实性知识的获取。例如，苹果树是什么种类的植物？它的外形是什么样的？②"为何"类问题。这类问题通常以关键词"why"为引导，指向一些表示目的、理由、原理、法则、定律和逻辑推理的问题。这类问题侧重于探寻事物之间，以及事物内部各部分之间的原理和逻辑关系，以便对时间、行为、观点、结果等进行合理的解释和推理。该类问题的解决意味着原理性知识的获取。例如，为什么苹果成熟后会从树上掉在地面上？③"如何"类问题。这类问题通常以"how"等关键词为引导，指向一些表示方法、途径与状态的问题。这类问题侧重于关注各类过程与活动中事关技能、流程性的知识解答，通常蕴含于人们的技能与实践流程之中。该类问题的解决意味着策略性知识的获取。例如，怎样才能知道一个苹果的重量？④"若何"问题。该类问题通常以"what…if"为引导，指向一些表示条件发生变化和可能产生新结果的问题。这类问题侧重于要求学习者推断或思考如果原有问题或事件的各种要素和属性发生了相应变化时，会产生什么样的新问题和新结果。这类问题复杂多变，该类问题的解决意味着创造性知识的获取。例如，假如在没有大秤或起重机，而只有船和石头的情况下，怎样才能知道一头大象的重量？[①]

2. 关于课堂提问后的等待时间问题

课堂提问后的等待时间通常是指教师提出问题后要求第一个同学做出回答之前的一段静默时间。合理运用课堂提问后的等待时间这一教学策略的目的是给学

---

① 王陆，张敏霞. 课堂观察方法与技术[M]. 北京：北京师范大学出版社，2012：83-84.

生留出足够的时间对问题做出思考和回应，这对于培养学生的高阶思维和深度学习至关重要。

在具体的等待时间设计方面，国外研究者建议通常情况下需要给学生留出至少 3 秒但不要超过 6 秒的思考时间，因为几秒钟的停顿不仅可以帮助学生集中注意力，还能使学生的思维更加完善。①②研究者发现当教师能够在课堂上至少留出 3 秒钟的等待时间时，绝大多数学生，特别是那些学习慢的或者不主动思考的学生，能够或多或少地参与到课堂的学习活动中。如果教师留给学生的等待时间太长，就会增强一些学生的挫折感，另一些学生则有可能不再专注于问题而开始做一些其他的事情。③

另外，不同学生对于教师提出问题后的反应是不同的：一些学生会很快做出回答问题的反应（也可能是一种无意识的行为）；而另一些同学则需要一些时间深思熟虑。因此，研究者建议教师需要给这些学生留出同样的等待时间，而不一定要叫第一个举手的学生来回答问题。尤其是尽量不要一有学生举手就叫其回答问题，因为一旦教师叫起了第一个同学回答问题，其他同学基本上停止了信息加工而失去了再学习的机会。在等待学生回答的过程中，研究者还建议教师采用精神和视觉策略和学生互动，即问题提出后，教师要尽量看着学生，多与学生进行目光的接触，观察学生的思考情况，监督和鼓励学生主动思考，积极参与。④⑤⑥

研究者发现，在教学实践中大多数教师在等待时间的设计上不够充分。例如国内有研究者对于数学课堂教学的分析发现，教师提问后没有停顿或等待时间不足的占 86.7%，只有 7.6% 的课堂提问后的等待时间为 3—5 秒。⑦研究者认为过

---

① 〔美〕普莱斯顿·D. 费德恩，〔美〕罗伯特·M. 沃格尔. 教学方法——应用认知科学，促进学生学习[M]. 王锦，曹军，徐彬，译. 上海：华东师范大学出版社，2006：164.

② 〔美〕罗伯特·J. 马扎诺. 教学的艺术与科学——有效教学的综合框架[M]. 盛群力，唐玉霞，曾如刚，译. 福州：福建教育出版社，2014：92.

③ 〔美〕普莱斯顿·D. 费德恩，〔美〕罗伯特·M. 沃格尔. 教学方法——应用认知科学，促进学生学习[M]. 王锦，曹军，徐彬，译. 上海：华东师范大学出版社，2006：165.

④ 〔美〕简妮·爱丽丝·奥姆罗德. 学习心理学[M]. 6 版. 汪玲，李燕平，廖凤林，等，译. 北京：中国人民大学出版社，2015：218.

⑤ 〔美〕普莱斯顿·D. 费德恩，〔美〕罗伯特·M. 沃格尔. 教学方法——应用认知科学，促进学生学习[M]. 王锦，曹军，徐彬，译. 上海：华东师范大学出版社，2006：164-165.

⑥ 〔美〕大卫·苏泽. 脑与学习[M]. "认知神经科学与学习"国家重点实验室，脑与教育应用研究中心，译. 北京：中国轻工业出版社，2005：100.

⑦ 王陆，张敏霞. 课堂观察方法与技术[M]. 北京：北京师范大学出版社，2012：88.

短的等待时间会限制学生对于问题的深度思考，这对于那些信息提取比较慢的学生尤其不利。国外的相关研究发现，当教师将等待时间延长到 5 秒的时候，学生会出现如下的可喜变化：学生回答问题的长度和质量增加、学习慢的学生能够更多地参与、学生在回答问题时开始更多地使用证据来支持自己的推断或结论及更多的高阶思考反映。与此同时，教师也在教学行为方面出现了一些积极的变化：提出更高级的问题，在反馈和评价学生的回答时，会表现出更强的灵活性，提高了对那些反应慢的学生的学习期望。[1]

3. 教师回应问题的方式

在课堂问题的回应方式方面，有研究者将其做了如下的分类：提问前先点名、让学生齐答、叫举手者答、叫未举手者答、鼓励学生提出问题几种类型。[2]例如，首都师范大学教授王陆等人对小学三年级语文和高中语文课堂中"教师挑选回答问题的方式"进行课堂观察研究的结果如表 5-2 所示。可见，不同年龄阶段课堂上教师挑选回答问题的方式会有所不同。

表 5-2　小学三年级语文和高中语文课堂中"教师挑选回答问题的方式"占比[3]

年级	提问前先点名	让学生齐答	叫举手者答	叫未举手者答	鼓励学生提出问题
小学三年级	0	15.0%	85.0%	0	0
高中	0	46.5%	8.5%	34.5%	8.5%

在教师对学生问题的回应方面，又可分为肯定回应、否定回应、无回应、打断回答或教师代答及回复学生回答并解释这几个维度。[4]研究者建议尽量避免出现"无回应"的情况，因为如果教师对于学生的回答不做任何回应，通常情况下会给学生的学习（包括情绪）带来一定的消极影响。

4. 提高课堂问答深度的有效教学策略建议

建议一：当教师提出问题后，若遇到了无人回答或学生回答错误（不准确）的情况时，教师要避免直接说出答案。否则，会让学生认为没有必要对问题进行

① 〔美〕大卫·苏泽. 脑与学习[M]. "认知神经科学与学习"国家重点实验室，脑与教育应用研究中心，译. 北京：中国轻工业出版社，2005：100.
② 王陆，张敏霞. 课堂观察方法与技术[M]. 北京：北京师范大学出版社，2012：81.
③ 王陆，张敏霞. 课堂观察方法与技术[M]. 北京：北京师范大学出版社，2012：90-98.
④ 王陆，张敏霞. 课堂观察方法与技术[M]. 北京：北京师范大学出版社，2012：82.

思考。建议教师可以给出相关的提示，并通过言语或非言语信息（身体动作、目光接触、手势等）鼓励学生主动参与到思考活动中来。①

建议二：当教师发现学生欠缺回答问题的先行经验（基础）时，如果教师发现学生欠缺理解和回答问题的先行知识及经验，就需要借助先行组织者教学策略为学生提供必要的知识内容，为学生提供思维的脚手架，帮助他们有效地理解和学习课程内容。②另外，对于那些复杂的高阶问题，第一个学生的回答并不是问题的结束，可以借助进一步的追问引导学生开展积极的、持续性的问题探究，以不断理解和澄清答案，引发更多学生给出更加完整的、经过深思熟虑的回答，最终形成"问题和回答链"。③

建议三：教师一定要对学生的回答做出积极的、及时的反馈。研究者建议教师应该及时对学生的作答给出回应，从而激励学生更加积极地参与课堂教学活动。研究者还特别强调，当学生回答错误时，如果经过教师的提示、讨论后学生给出的回答仍然不正确或不准确，这时教师一定要明确地给出正确的答案并改正学生回答中的错误之处，绝不能让学生带着对问题的错误理解进入下一个阶段的学习。④另外，在对学生的回答给出回应和反馈时，非语言的反馈与语言反馈同等重要，教师要学习和善于使用非言语信息（例如肢体语言、微笑、可视化表征等）与学生交流。

最后，教师还应当鼓励学生自己提出问题，而不仅仅是回答教师提出的问题。学生越是对自己的学习负更多责任，则越能投入学习的过程。

（三）促进学生课堂参与的教学策略

无论是教师的教学实践经验还是学习科学的已有相关研究都表明：课堂上学生的主动参与对于高效学习和有效教学至关重要，其影响程度大体上占到了30%

---

① 〔美〕普莱斯顿·D. 费德恩，〔美〕罗伯特·M. 沃格尔. 教学方法——应用认知科学，促进学生学习[M]. 王锦，曹军，徐彬，译. 上海：华东师范大学出版社，2006：163.

② 〔美〕简妮·爱丽丝·奥姆罗德. 学习心理学[M]. 6版. 汪玲，李燕平，廖凤林，等，译. 北京：中国人民大学出版社，2015：168.

③ 〔美〕罗伯特·J. 马扎诺. 教学的艺术与科学——有效教学的综合框架[M]. 盛群力，唐玉霞，曾如刚，译. 福州：福建教育出版社，2014：94.

④ 〔美〕普莱斯顿·D. 费德恩，〔美〕罗伯特·M. 沃格尔. 教学方法——应用认知科学，促进学生学习[M]. 王锦，曹军，徐彬，译. 上海：华东师范大学出版社，2006：165.

左右。①因此，确保学生在课堂上主动参与是有效教学的关键环节之一。

1. 注重有效利用课堂时间

课堂教学时间不等同于课堂参与时间，更不等同于学生的有效学习时间。已有研究表明，课堂上实际上存在多种维度的时间类型。例如，可以根据学生的学习情况分为如下的四个维度——课表上的教学时间、实际教学时间、学生的主动参与时间和学生的有效学习时间。②

已有研究进一步发现，教学时间和学生的学业成绩没有直接的相关关系，但是学生的主动参与时间及有效学习时间却和学生的学业成绩密切相关。而且，对于那些学业成绩较低的学生来说，主动参与时间尤为重要。但是从图5-4中可以看出，现实课堂中宝贵的教学时间可能没有被充分利用，有效学习时间实际上相对比较少。研究者还发现，即使在非常有经验的名师的课堂中，学生的有效学习时间也只占到课表分配时间的一半。③

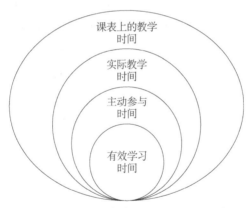

图 5-4　关于课堂教学时间的不同类型

2. 促进学生课堂参与的有效教学策略建议

课堂参与主要指学生对课堂教学活动的投入程度，其中既有认知参与，也包

---

① 〔美〕罗伯特·J. 马扎诺. 教学的艺术与科学——有效教学的综合框架[M]. 盛群力，唐玉霞，曾如刚，译. 福州：福建教育出版社，2014：84.

② 〔新西兰〕约翰·哈蒂，〔德〕格雷戈里·C. R. 耶茨. 可见的学习与学习科学[M]. 彭正梅，邓莉，伍绍杨，等，译. 北京：教育科学出版社，2018：46-50.

③ 〔新西兰〕约翰·哈蒂，〔德〕格雷戈里·C. R. 耶茨. 可见的学习与学习科学[M]. 彭正梅，邓莉，伍绍杨，等，译. 北京：教育科学出版社，2018：48-49.

含情感参与和行为参与①。教师可以通过如下的教学策略来提高学生的课堂参与。

建议一：鼓励并帮助学生设定自己的学习目标。

已有研究表明，学校目标会显著影响学生的学业成绩（其影响值大约占24%②）。而且，在课堂上实际上存在两类目标——教师为学生设定的统一、共性的教学目标和形成于学习过程的内部、由学习者自己设定的学习目标。与教学目标相比，学生自己设定的学习目标更为关键。当学生能够为自己设定学习目标时，他们会更加主动地参与到课堂的学习过程和学习活动中来，更愿意为自己的学习负责任。因为这一目标是他们自己选择和设定的，而不是别人强加的，其学习效果也会更好③。因此，为了促进学习者积极的课堂参与，在统一的教学目标之外，教师应该鼓励和帮助学生明晰并设定自己的学习目标。

建议二：将教学内容或学习活动与学生的已有经验及现实生活相联系。

近年来脑科学的研究不断表明，人类大脑似乎总是为建立联系做好准备，每当学习者接收到新的信息时，大脑就会将其与过去的知识或经验联系起来。④同时，大量关于学习的已有研究还表明：当新学习的内容联系到相关的实际问题时，学生的学习兴趣和参与感增强。相反，当学生看不到课堂学习和现实生活、个人目标或需求的相关性时，他们就不会去主动学习，并会感到厌烦或感到有压力。⑤因此，教师在教学中最好能够让学生明白即将学习的内容与个人生活、人生经验、个人经历（尤其是学生的情感经历）等之间的联系，并且在合适的时机利用现实生活中的例子来说明所讲的知识内容，还可以带领学生开展联系现实世界的探究性学习、项目学习等，带领学生解决现实生活中的问题。这样才能够激发学生的动机和兴趣，进而使其愿意主动参与学习。

---

① 〔美〕罗伯特·J. 马扎诺. 教学的艺术与科学——有效教学的综合框架[M]. 盛群力，唐玉霞，曾如刚，译. 福州：福建教育出版社，2014：84.

② 〔美〕罗伯特·J. 马扎诺. 教学的艺术与科学——有效教学的综合框架[M]. 盛群力，唐玉霞，曾如刚，译. 福州：福建教育出版社，2014：8.

③ 〔美〕简妮·爱丽丝·奥姆罗德. 学习心理学[M]. 6版. 汪玲，李燕平，廖凤林，等，译. 北京：中国人民大学出版社，2015：375.

④ 〔美〕唐娜·沃克·泰勒斯通. 提升教学能力的10项策略：运用脑科学和学习科学促进学生学习[M]. 李海英，译. 北京：教育科学出版社，2017：31.

⑤ 〔美〕大卫·苏泽，等. 教育与脑神经科学[M]. 方彤，黄欢，王东杰，译. 上海：华东师范大学出版社，2014：159.

建议三：在学习的过程中为学生提供及时的、积极的反馈。

大量研究表明：反馈也能够大大促进学生的主动参与，进而提升学生的学业成绩，其影响值大约为 30%。①所以教师需要通过反馈帮助学习者调整或纠正自身的学习态度、学习行为、学习策略和方法等，从而使其更为接近学习目标。②反馈的形式可以多种多样，如课堂问答、教师的非言语信息、随堂测验、家庭作业等。无论采用何种形式，教师提供的反馈一定要具体，要明确指出哪些地方做得好、哪些地方需要改进。③

建议四：适度的压力、争论和竞争可以促进学习者的课堂参与。

研究者建议，适度的压力（例如课堂提问）能够促进学生的课堂参与。而且，只要合理把握，适度争论和竞争都能够提高学生的课堂参与度。竞争可以是个人的，也可以是团队的（组与组之间的竞争）。④因此，课堂问答、教学游戏都是提高课堂参与度的有效教学策略。

建议五：创设高活力课堂。

脑与神经科学、学习科学及教学实践经验都表明：教师充满活力的行为能够唤起学生的参与行为。教师的热诚和情感强度也能影响学生的活力水平，并能提高他们的主动参与性。⑤同样，"学生只有保持饱满的学习热情，才能够持之以恒地进行学习。不然无聊和疲惫就会成为追求知识的敌人"⑥。

关于脑与神经科学的研究还表明：运动和锻炼与脑容量的增加、脑细胞的增殖、认知加工以及情绪调节都有着很强的联系。在运动时，脑更加活跃，因为运动使血液为脑输送更多能量，并使得脑能够激活更多长时记忆的区域，从而帮助学习者在以往的学习与新的学习之间建立更多的联系。因此，研究者建议教师尽

---

① 〔美〕罗伯特•J. 马扎诺. 教学的艺术与科学——有效教学的综合框架[M]. 盛群力，唐玉霞，曾如刚，译. 福州：福建教育出版社，2014：9.

② 〔新西兰〕约翰•哈蒂，〔德〕格雷戈里•C. R. 耶茨. 可见的学习与学习科学[M]. 彭正梅，邓莉，伍绍杨，等，译. 北京：教育科学出版社，2018：77.

③ 〔美〕罗伯特•J. 马扎诺，〔美〕黛布拉•J. 皮克林. 培育智慧才能——学习的维度教师手册[M]. 盛群力，何晔，张慧，等，译. 福州：福建教育出版社，2015：29.

④ 〔美〕罗伯特•J. 马扎诺. 教学的艺术与科学——有效教学的综合框架[M]. 盛群力，唐玉霞，曾如刚，译. 福州：福建教育出版社，2014：87-88.

⑤ 〔美〕罗伯特•J. 马扎诺. 教学的艺术与科学——有效教学的综合框架[M]. 盛群力，唐玉霞，曾如刚，译. 福州：福建教育出版社，2014：84-85.

⑥ 〔美〕大卫•苏泽，等. 教育与脑神经科学[M]. 方彤，黄欢，王东杰，译. 上海：华东师范大学出版社，2014：182.

量避免让学生长时间坐在座位上，应该鼓励学生在教室里经常站起来或者能够在教室里开展一些费时少、耗力多且简单易行的身体活动。课堂中"身体动起来"的活动多种多样，其核心是要让学生"站起来、动起来"。①②

建议六：充分利用多媒体学习和可视化方法，引发学生的多感官参与。

认知心理学的许多研究证明了在大脑的信息编码过程中存在着"图像优势效应"——"以图示意是激发思维和促进学习的有效工具""视觉形象可以成为一种更加高效的信息编码方式"，即与以文字呈现的信息相比，人们更容易记住以图像呈现的信息。③因此，人们从"言语+图像"中学习比仅仅从言语中学习更能促进信息的深度加工，多感官参与可以增强记忆和学习的效果。教师应该在教学中广泛使用非言语信息、视觉记忆，以及包括游戏、仿真、模拟等在内的多种多媒体学习软件和可视化工具。

三、课后促进应用练习有效策略

练习是一个不断重复技巧的过程，是能让学习者运用自己的知识或技能的任何活动，例如提出一个论点、做一道习题，解决一个问题或写一篇论文。关于脑与学习的已有研究表明，脑的发展遵循着"用进废退"的原则。经过长期训练和反复练习，脑为这些任务分配了额外的神经元，就像计算机给复杂程序分配了更多的记忆内存一样。这个额外分配的神经元或多或少被永久保留下来④。因此，关于脑科学与学习科学的研究表明，"练习的确能产生永久效应，也有助于学习保持"，"否认练习的重要性，实际上否认了孩子获得真正能力的途径"。⑤研究者还强调，尤其是程序性知识（技能）的掌握，更是离不开练习。练习的有效性在

---

① 〔美〕大卫·苏泽，等. 教育与脑神经科学[M]. 方彤，黄欢，王东杰，译. 上海：华东师范大学出版社，2014：180-186.

② 〔美〕罗伯特·J. 马扎诺，〔美〕黛布拉·J. 皮克林. 培育智慧才能——学习的维度教师手册[M]. 盛群力，何晔，张慧，等，译. 福州：福建教育出版社，2015：22.

③ 〔美〕简妮·爱丽丝·奥姆罗德. 学习心理学[M]. 6版. 汪玲，李燕平，廖凤林，等，译. 北京：中国人民大学出版社，2015：155.

④ 〔美〕大卫·苏泽. 脑与学习[M]. "认知神经科学与学习"国家重点实验室，脑与教育应用研究中心，译. 北京：中国轻工业出版社，2005：78-79.

⑤ 〔美〕罗伯特·J. 马扎诺. 教学的艺术与科学——有效教学的综合框架[M]. 盛群力，唐玉霞，曾如刚，译. 福州：福建教育出版社，2014：50-51.

很大程度上影响了知识习得的效果。

（一）促进应用练习的教学策略

促进应用练习的教学策略有提取练习、分散练习、交错练习、有效反馈等。

1. 提取练习

一般我们认为学习主要发生在记忆、编码理解阶段，而测试只是看学习者的学习效果如何，并不属于学习。然而根据信息加工理论，编码、存储、提取三个过程都是学习和记忆的基本过程。其中，提取就是从长时记忆的存储位置调取信息到工作记忆。每提取一次，大脑中对于提取线索和提取信息的连接就会被加强一次[①]。如何开展提取练习呢？开展提取练习，首先需要让学生意识到提取练习相比重复阅读的优势。研究发现，很多学生在自主学习中还是更多地选择重复看书看笔记的策略，并且认为提取练习并不是更有效的策略[②]。事实上，这种需要付出更多认知努力的策略是更有效的。开展提取练习最常见的方法就是单选题、多选题、填空题、简答题、综合题（既有选择题、填空题又有简答题）。对几种题型的对比研究发现[③]，多选题和简答题都能够对长时意义学习有积极影响，在简单题无法为学生提供反馈时，多选题是提升学习成效的很好选择。提取练习需要为学生提供提取线索和脚手架，比如提供部分未完成的概念图，同时也需要提供自由回忆的机会[④]，让学生自己创建提取的思路和结构。

2. 分散练习

提取练习是集中练习好还是分散练习好？研究表明，在练习内容和总时长相同的情况下，分散练习的效果会比集中练习的效果更好[⑤]。这就是"间隔效应"

---

① 〔美〕唐娜·沃克·泰勒斯通. 提升教学能力的 10 项策略：运用脑科学和学习科学促进学生学习[M]. 李海英，译. 北京：教育科学出版社，2017：44.

② Karpicke J D，Butler A C，Roediger III H L. Metacognitive strategies in student learning：do students practise retrieval when they study on their own?[J]. Memory，2009，17（4）：471-479.

③ Smith M A，Karpicke J D. Retrieval practice with short-answer，multiple-choice，and hybrid tests[J]. Memory，2014，22（7）：784-802.

④ Karpicke J D，Blunt J R，Smith M A，et al. Retrieval-based learning：The need for guided retrieval in elementary school children[J]. Journal of Applied Research in Memory and Cognition，2014，3（3）：198-206.

⑤ Donovan J J，Radosevich D J. The moderating role of goal commitment on the goal difficulty-performance relationship：A meta-analytic review and critical reanalysis[J]. Journal of Applied Psychology，1998，83（2）：308-315.

（spacing effect）——学习阶段之间的时间间隔通常会提高后续的记忆测试效果。例如，让高中生学习外语词汇，分别在单独的 30 分钟内完成或者在 3 天内每天 10 分钟，4 天后的测试发现，分散组的成绩比集中组高了 35%。[①]

另外，关于集中练习与分散练习的关系问题，认知心理学家建议应该首先运用集中式练习快速学习，然后进行分散式练习以达到保持。研究者还强调，相比于集中练习，分散练习有时候会使学习更缓慢，但往往也会增强对学习材料的永久记忆。因此，学生学习某些东西的速度并不一定是学得好的指标。[②]

3. 交错练习

交错练习不同于分散练习，也不同于集中练习，而是将不同知识内容进行交叉，比如，不是单独先练乘法再练除法，而是将乘除法混合在一起。有研究显示，交错练习有助于语言学习、物理学习、数学学习等[③]。因此，在平时练习中表现较好的教学策略，在测试中并不一定能取得同样的成绩。并且，交叉练习的方式虽然在练习环节不能取得理想成绩，但是能够促使被试付出更多的认知努力进行信息提取，并且要更努力地进行不同任务的转换。这有助于大脑保持更多内容。在教学中，教师对练习的布置就可以采用交错练习的方式，将所学的各个模块的练习整合到一起，在每次学完新内容进行测试的时候，可以布置一些之前所学的其他内容。

4. 有效反馈

认知心理学的研究表明：要想促进学生的学习，光有练习是不够的，还需要有效的反馈，练习和反馈在学生的有效学习中占有同等重要的地位。有效的反馈能告诉学生，哪些内容他们已经理解，哪些还没有理解，哪些学习方面表现得好，哪些方面表现得差，以及如何确定自己未来的努力方向。"练习很重要，反馈可以促进学习"，"只有把练习和反馈有效地结合起来，才能充分发挥二者的作

① Bloom K C, Shuell T J. Effects of massed and distributed practice on the learning and retention of second-language vocabulary[J]. The Journal of Educational Research, 1981, 74（4）: 245-248.
② 〔美〕简妮·爱丽丝·奥姆罗德. 学习心理学[M]. 6版. 汪玲, 李燕平, 廖凤林, 等, 译. 北京：中国人民大学出版社, 2015：170.
③ 〔英〕塞尔吉奥·德拉·萨拉, 〔澳〕迈克·安德森. 教育神经科学的是与非[M]. 周加仙, 陈菊咏, 等, 译. 上海：上海教育出版社, 2020：188.

用。当学生在练习过程中得不到足够反馈时，无效练习的问题会更严重"。①

在教学实践中，一些教师为学生提供了大量练习，却缺乏及时而有针对性的反馈。一些教师为学生提供了大量反馈，却没有提供相应的练习机会。事实上，有效练习取决于在练习和反馈之间所形成的"闭环"：练习引出可观察的行为表现，接着要求有针对性地反馈，反馈又引导进一步地练习（图5-5）。

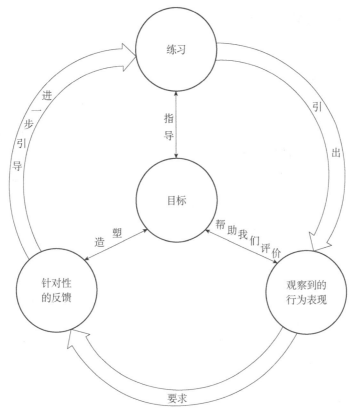

图 5-5　练习和反馈的循环②

如何反馈才能够促进学生充分而有效的学习呢？研究者认为取决于下述两个方面：内容和时机。首先，反馈时，教师应该告知学生离学习目标还有多远，学习的哪些方面还需要改善。反馈如果能指出学生学习中需要改进的具体方面，而

① 尚俊杰. 学习科学导论[M]. 北京：北京大学出版社，2023：468.
② 〔美〕苏珊・A. 安布罗斯，〔美〕米歇尔・W. 布里奇斯，〔美〕米歇尔・迪皮埃特罗，等. 聪明教学 7 原理：基于学习科学的教学策略[M]. 庞维国，等，译. 上海：华东师范大学出版社，2012：79-80.

不仅仅给出一般性的学习评价（如等级、抽象的表扬或批评等），它的作用就会更大。其次，教师要在适当的时间为学生提供反馈，以便其能充分利用反馈信息。研究表明，经常性的反馈能帮助学生保持正确的学习方向，在错误根深蒂固之前予以纠正。然而受到现实因素（例如班级人数、教学时间等）的制约，在教学实践中采用经常性的反馈往往会面临很多困难。①

（二）有效练习的教学原则和条件

梅耶曾经总结了有效练习的四条教学原则：①分步练习（也即分散练习）。将练习任务分成几个部分分段完成，比一次集中练习的效果更好（例如学生将一组 50 分钟的加法练习分 5 天做，每天做 10 分钟）。②及时、明确地反馈。当学生及时收到针对其表现给予的解释性反馈时，学习效果更佳（例如，在解完应用题后，教师逐步解答此题的各个步骤）。③提供样例、示范。在解决复杂问题时先提供样例（"例中学"），学习效果更佳（例如学习者先完成 $3x-5=4$ 的步骤，再尝试解答 $2a-2=6$）。④指导发现。如果学生在完成任务时得到示范、辅导和提供支架等帮助，而非单纯的发现，那么其学习效果更佳（例如学生在解答应用题时，教师给予提示，圈出重要数字，并告知学生可以采用什么样的解题方案）。②

除此之外，练习并不等于简单地操练。研究者认为，纯粹填空式的练习或者简单的数学计算，以及要求学生脱离课程内容孤立的记忆事实和操练技能的活动，实际上难以带来高效的练习。相反，大多数练习活动应该安排在具体的应用情境中。③而且，教师应当基于学生的已有基础，为他们提供具有适当难度水平的练习。练习任务太难，会让学生疲于应对、容易犯错、可能放弃；练习任务太简单，会让学生不费吹灰之力便能达成目标，其学习能力往往并没有得到提高，甚至让一些学生产生枯燥的感觉，练习任务应该是具有挑战性的。

另外，研究者还总结了有效练习需要遵循的条件：①学生必须有足够的动机，愿意去提高学业成绩。②学生必须具备足够的先行知识，以理解新知识或应

---

① 〔美〕苏珊·A. 安布罗斯，〔美〕米歇尔·W. 布里奇斯，〔美〕米歇尔·迪皮埃特罗，等. 聪明教学 7 原理：基于学习科学的教学策略[M]. 庞维国，等，译. 上海：华东师范大学出版社，2012：80-95.
② 〔美〕理查德·E. 梅耶. 应用学习科学——心理学大师给教师的建议[M]. 盛群力，丁旭，钟丽佳，译. 北京：中国轻工业出版社，2016：72-73.
③ 盛群力，马兰. 现代教学原理、策略与设计[M]. 杭州：浙江教育出版社，2006：133.

用技巧的不同方式。③在必要时为学生提供程度适度、方式得当的支持。学习支架（脚手架）就是为学生提供学习支持的一种有效方式。④练习要有足够的数量和频率。认知心理学的研究表明，为了使学习更为有效，学生需要足够的练习，即练习的效应是逐步积累起来的。①

第四节　从讲授到学生自我系统的激发：面向核心素养的教学设计实践案例之三

北京市十一学校围绕如何在课堂上落实核心素养开展了系统探索。除了前面提到的从教学目标到学习目标的探索及在教学内容上将单元学习作为落实核心素养的有效路径之外，在核心任务的设计和教学策略选择方面也突出和体现了应用学习科学的特征，注重对学生自我系统的激发。

一、落实核心素养需要提升课堂活动的质量

北京市十一学校多年来在课堂上落实核心素养的教学改革实践表明，当前越来越多的教师倾向于认为一节好课就是教师应该在课堂上开展学习活动，让学生动起来，这比起教师一味地自己讲解、机械灌输要好很多。但事实上"动起来的课不一定是好课"，一些学习活动的设计仍然停留在知识点的学习，很难引导学生进行深入的思考和探究；一些学习活动比较零散、缺乏综合性，也不足以为学生提供进行充分体验和探究的空间，学生之间的合作与交流就容易流于形式，深度学习就很难展开。

因此，在落实核心素养的课堂上，教学设计的关键不是设计简单的课堂活动让学生动起来，而是提升课堂活动的质量，要设计能驱动素养目标实现的、有一定难度和综合性的任务，要设计与真实生活紧密联系的、能激发学生持久思考和探究的任务，这类任务就是"核心任务"。

---

① 〔美〕大卫·苏泽. 脑与学习[M]. "认知神经科学与学习"国家重点实验室，脑与教育应用研究中心，译. 北京：中国轻工业出版社，2005：78-79.

二、核心任务是实现教学目标的重要载体

为了设计这种核心任务，教师首先要走出自己学科的知识体系，走出"为了活动而活动"的误区，进一步聚焦学生的学习和成长，重新思考学科的价值和意义，思考学科独特的育人功能，思考学生学习这些内容后的真正用途，从知识的迁移应用出发，从用所学内容解释、解决现实中的真实问题出发，重新定位设计教学目标；然后，根据素养导向的教学目标，设计相对复杂和综合的任务，设计具有一定难度和挑战性的任务，设计能激发学生持久思考和探究的任务，设计基于真实问题情境和具有现实性的任务。例如，高中生物"组成细胞的分子"单元的教学目标与核心任务如表 5-3 所示。

表 5-3 高中生物"组成细胞的分子"单元的教学目标与核心任务[①]

比较项	具体内容
教学目标	1. 应用本单元知识，评估自身的饮食情况，养成健康的饮食习惯 2. 从"生命的物质观"角度理解细胞是由多种分子组成的，其中蛋白质和核酸是两类重要的生物大分子 3. 知道组成细胞各种化合物的种类、结构和功能
核心任务	"我是大营养师"：利用本单元所学内容为目标人群（青少年、减肥人群、"三高"人群等）提出饮食建议，制订营养食谱，成为"大营养师"
备注说明	1. 饮食建议，要从分子机制上解释饮食结构的生理基础和合理性 2. 营养食谱，要通过实验验证每种食物所含营养成分

三、核心任务要激发学生的自我系统

学生在完成核心任务的过程中会经历分析、判断、综合、评价、提问、争议、质疑、证明等一系列深度学习过程。

学习科学研究告诉我们，认知不是学习的起点，没有学生自我系统的开启，就没有学习。面对新的学习任务，学生首先进行自我系统的判断，由自我系统决定是否参与、介入这个新任务。此时，自我系统会关注以下问题：新任务有意思吗？好玩吗？对我来说重要吗？这个任务难吗？我能上手做吗？只有这些问题都得到肯定答案，自我系统才会开启，学生才会决定参与这个任务，参与学习过

① 王春易，等. 从教走向学：在课堂上落实核心素养[M]. 北京：中国人民大学出版社，2020：125.

程，否则依旧停留在原来的活动和情境中[①]（图5-6）。

图 5-6　学生自我系统的激发

因此，教师一进入教室就开始按照自己的设计授课，只能说教师自己的教学活动开始了，但学生的学习未必真正开始。按照马扎诺学习维度框架理论，学生只有认同新学习任务的价值和意义并开启自我系统，才能明确具体的学习目标，规划自己的学习路径，监控自己的学习过程，反思、优化学习方案，上述活动是由元认知系统承担的。自我系统没有开启，元认知系统就不可能启动，学生就很难进入自我规划、自我反思的学习过程，很难真正"学会学习"；而通过元认知系统的规划设计、目标制定、策略选择，学生才会进入教师最看重的认知系统，开始对这个新的学习任务进行信息加工和信息处理。此时，知识系统也会参与进来，以保证整个学习过程顺利进行。

简单地说，学习是这样一个过程，即自我系统、元认知系统、认知系统、知识系统这四个系统相互协调、共同作用，以实现学习目标。一些教师一直认为认知过程是学习的起点，岂不知自我系统的开启才是学习的原点。学习永远是建构意义的过程，如果没有意义，没有意思，没有趣味，学生就不会参与到学习过程中，此时再良好的认知系统也会被束之高阁。

---

① 王春易，等. 从教走向学：在课堂上落实核心素养[M]. 北京：中国人民大学出版社，2020：131.

第六章

有效教学设计的支持条件: 学习环境新发展

第一节 学习环境概述

一、从教学环境向学习环境的转变

李秉德等是国内较早关注教学环境的研究者[①]，他们将教学环境视为构成教学活动的七大要素之一，并且指出讨论教学要素的时候有一个常被人忽视，甚至无视的教学要素就是教学环境。他们认为任何教学活动都必须在一定的时空条件下进行，这一定的时空条件就是有形的和无形的特定的教学环境。有形的教学环境包括校园的内外是否美化、教室设备和布置是否齐全、合理与整洁，以及当时的气候与温度的变化等；无形的环境则包括师生之间、同学之间的人际关系，校风，班风，还有课堂上的气氛等。这些环境条件既然是教学活动必须凭借和无法摆脱的，因此必然构成教学活动的一个要素，不管人们承认它还是不承认它。一般教学论者不把它作为一个教学要素，因而不注意对其进行认真研究，这是一个很大的失误。[②]

李秉德等强调教学环境是教学活动的一个要素，任何教学活动都是在一定的教学环境中进行的，教学环境会对教和学产生影响，并从某些外部特征上把教学活动导向不同的境界。尽管这种影响有时只是潜在的，但却不能忽略它的重要性。他们进一步将教学环境定义为一种特殊的环境，是学校教学活动所必需的诸客观条件的综合，是按照发展人的身心这种特殊需要而组织起来的环境。教学环境有广义与狭义之分：从广义上说，社会制度、科学技术水平、家庭条件、亲朋邻里等，都属于教学环境，因为这些因素在一定程度上制约着教学活动的成效；从狭义的角度，即从学校教学工作的角度来看，教学环境主要指学校教学活动的

---

① 田慧生. 略论教学环境研究的历史、现状及其发展趋势[J]. 外国教育研究, 1995（6）: 14-19.
② 李秉德, 李定仁. 教学论[M]. 北京: 人民教育出版社, 1991: 13-14.

场所、各种教学设施、校风班风、师生人际关系等。①

20 世纪 80 年代末以来，随着建构主义学习理论、情境认知理论、学习科学等的兴起和信息技术的飞速发展，对于学习环境的研究和关注开始兴起，并且在国际上已经成为热门课题。②因此可以说，在学习科学众多的研究领域中，学习环境设计是不可或缺的一个重要组成部分。在学习科学视野下设计学习环境，是为了给学习者提供知识建构情境认知的支持，促进他们的概念转变和对知识的深度理解。③为了推动学习环境的建设和应用，美国国家研究院在 1999 年发布的《人是如何学习的：大脑、心理、经验及学校》研究报告中确立了设计以学习者为中心的学习环境的原则性方法④；而《学习环境的理论基础》一书的出版，更是为学习环境的创建提供了系统的理论和方法指导⑤。

二、学习环境的关键特征

（一）什么是学习环境

目前对于学习环境的概念界定尚未达成一致。从最广泛的意义上讲，在学习科学领域中的学习环境是影响学习者知识建构过程中的各种条件及要素的总和，其涵盖非常广泛，既包括正式学习情境的学校与课堂，也包括很多非正式的学习情境，如工作场所和实践中的学习等⑥；既包含有形的学习环境，也包括技术和互联网营造的虚拟学习环境⑦；《剑桥学习科学手册》指出，学习环境包括环境中的个体（教师、学习者和其他人），环境中的计算机及其扮演的角色，建筑、教室的布局结构及教室中的物品，还有社会与文化的环境因素⑧；何克抗等在《教

① 李秉德，李定仁. 教学论[M]. 北京：人民教育出版社，1991：292-294.
② 陆根书，杨兆芳. 学习环境研究及其发展趋势述评[J]. 高等工程教育研究，2008（2）：55-61.
③ 高文，等. 学习科学的关键词[M]. 上海：华东师范大学出版社，2009：113.
④ 〔美〕约翰·D. 布兰斯福特，安·L. 布朗，罗德尼·R. 科金，等. 人是如何学习的：大脑、心理、经验及学校 [M]. 扩展版. 程可拉，孙亚玲，王旭卿，译. 上海：华东师范大学出版社，2013：115-131.
⑤ 〔美〕戴维·H. 乔纳森，〔美〕苏珊·M. 兰德. 学习环境的理论基础[M]. 2 版. 徐世猛，李洁，周小勇，译. 上海：华东师范大学出版社，2015：3.
⑥ 柴少明，赵建华. 面向知识经济时代学习科学的关键问题研究及对教育改革的影响[J]. 远程教育杂志，2011（2）：3-10.
⑦ 刘徽. 中小学课堂学习环境的设计研究[J]. 教育科学研究，2021（10）：90-94.
⑧ 〔美〕R. 基思·索耶. 剑桥学习科学手册[M]. 2 版. 徐晓东，杨刚，阮高峰，等，译. 北京：教育科学出版社，2021：9.

学系统设计》中将学习环境界定为学习资源和人际关系的一种动态组合，其中既有丰富的学习资源，又有人际互动的因素。学习资源包括支持教学的教学媒体、教学材料以及帮助学习者学习的认知工具、学习空间等。人际关系包括学习者之间的人际交往和教师与学生之间充分的人际互动，学习者不仅可以得到教师的帮助与支持，也可以与其他学习者相互协作与支持。①

（二）以学习者为中心的学习环境的关键特征

有研究者总结了以学习者为中心的学习环境有如下关键特征：①学习环境最基本的理念是以学习者为中心，学习者在学习环境中处于主动地位，由学习者自己控制学习；②能提供给学习者参与到真实实践的机会，建构与专家问题解决相似的真实、有意义的实践环境；③考虑学习者已有的经验、知识和问题；④设计和提供各种支持及促进学习者深度学习的支架、策略；⑤支持和促进学习者的对话与协作，设计和提供各种学习与思维工具，以促进学习者知识的外化和观点的表达；⑥有利于学习共同体和实践共同体的形成及再生产。②

第二节　学习环境设计

一、学习科学视域下学习环境设计的四个维度

在《人是如何学习的：大脑、心理、经验及学校》一书中，研究者提出学习环境设计的四个维度：学习者中心、知识中心、评价中心和共同体中心（图6-1），四者之间以相互支持的方式加以联合，四者之间相互联系、相互支持，形成了一个整体性的设计。③

---

① 何克抗，林君芬，张文兰. 教学系统设计[M]. 2版. 北京：高等教育出版社，2016：181.
② 柴少明，赵建华. 面向知识经济时代学习科学的关键问题研究及对教育改革的影响[J]. 远程教育杂志，2011（2）：3-10.
③ 〔美〕约翰·D. 布兰思福特，〔美〕安·L. 布朗，〔美〕罗德尼·R. 科金，等. 人是如何学习的：大脑、心理、经验及学校[M]. 扩展版. 程可拉，孙亚玲，王旭卿，译. 上海：华东师范大学出版社，2013：117-130.

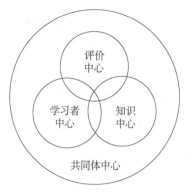

图 6-1　学习环境设计的四个维度

（一）学习者中心

以学习者为中心的教师承认学生是带着他们的知识、技能、态度、信仰及文化、观念等走进课堂的，这对学生的学习非常重要，必须得到足够的重视。深度学习始于学习者的现有知识、文化实践、信仰，以及他们对学科内容的掌握程度。学习者中心的支持者认为学习不是简单地传授和灌输，学习者是运用他们已有的知识来建构新知识的。学习者中心的环境试图帮助学习者将他们先前学习的知识与当前的学习任务联系起来。

如果把教学看作学生与教学内容之间的一座桥，那么以学习者为中心的教师会时刻关注桥的两端，试图了解每个学生，了解他们都知道什么、关心什么、能做什么和想要做什么。

（二）知识中心

学习科学的已有研究表明，完全以学习者为中心的环境并不一定能帮助学生获得他们需要的、能够在社会上立足的知识和技能。知识中心的环境强调学生在理解的前提下学习，鼓励学生寻求教学（学习）的意义。知识中心的环境还强调培养学生对学科的整体性理解，强调教学为促进学生的理解而设计。知识中心的支持者会非常认真地对待学生的学习需求，引导他们在理解的基础上掌握知识，进而使知识得到迁移，最终促进学生的深度学习。另外，知识中心的环境也强调学校及教师把教学的重点放在帮助学生深度理解学科内容的学习活动上。

学习科学关于学习环境设计的观点是，如果教学以学生对所学内容的最初理解作为起点，那么知识中心环境和学习者中心的环境就能够达到较高水平的一致。因此，学习环境设计的知识（理解）中心视角强调课程设计的重要性，强调课程能够在多大程度上帮助学生理解所学内容，而不是促进学生获得彼此不相关联的事实和技能。

（三）评价中心

评价是学习环境设计中不可或缺的重要环节，评价的关键原理是评价必须提供反馈和回溯的机会，将评价的结果作为改进教与学的反馈信息的来源。评价中心的学习环境非常注重形成性评价和诊断性评价的作用，进一步说，评价本身也必须是"学习者中心"，评价的主体不仅是教师，而且也应当是学习者自身。

（四）共同体中心

学习科学的新进展表明，学习环境以共同体为中心的程度对学习也很重要。这个视点意味着，学习者的学习不仅仅是个人的问题，而是同共同体联系在一起的。它将教室同学校、社区连接起来，扩大了教室的空间，贯通了课堂内外、学校内外、社区内外及其教育资源。

需要强调的是，学习者中心、知识中心、评价中心和共同体中心四者之间不是相互孤立的，而是相互联系、相互支持的，它们形成一个整体性概念，共同促进学习者的深度理解和学习。

二、建构主义学习环境设计模型

20 世纪 90 年代以来，由于计算机网络和信息技术以及心理学理论的发展，特别是建构主义学习理论的发展，许多从建构主义的角度探讨学习环境的研究出现。在这一时期，许多研究者结合建构主义学习理论与信息技术、网络技术，研究与开发了信息技术支持的网络化的学习环境[①]，其中的典型代表就是美国学者乔纳森（D. H. Jonassen）提出的建构主义学习环境设计模型（图 6-2）。乔纳森认为，良构问题解决的理论基础是信息加工理论，而非良构问题解决的理论基础是

---

① 陆根书，杨兆芳. 学习环境研究及其发展趋势述评[J]. 高等工程教育研究，2008（2）：55-61.

建构主义和情境认知理论。越是非良构的复杂问题，对于情境的依赖性越强，因此需要为学生创建体现建构主义认识论特点的、适合于学生建构知识的学习环境。建构主义学习环境设计模型以"问题/项目"为核心，以各类说明性或智能性的支持工具相支撑而环绕四周，学习者的目的是解释（解决）问题或完成项目。"相关案例"和"信息资源"提供对问题的理解并提供可能解决方案的建议，"认知工具"帮助学习者解释和操作问题的方方面面，"会话/协作工具"使学习者通过交流、协商而建构问题的意义，"社会/情境支持"帮助使用者创设建构主义学习环境。

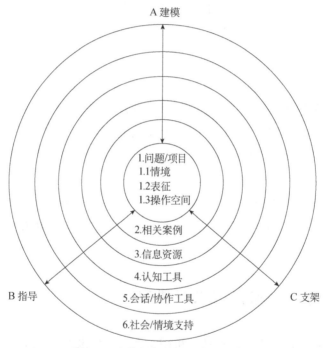

图 6-2　建构主义学习环境设计模型

（一）问题/项目

任何建构主义学习环境都是以学习者需要解决的问题/项目为中心的，它们决定了学习者需要达到的目标。建构主义学习环境和客观主义教学的根本区别在于学习是由问题/项目导出的，而不是将问题/项目作为教授概念和原则的例子。学生学习知识领域的目的是解决问题，而不是将问题/项目解决作为学习的一种迁移与应用。建构主义学习环境可以支持基于问题的学习、基于案例的学习或基于项目的学习。"question-based/issue-based"类基于问题的学习，其"问题"特性是不确定的或是具有争议性的，比如享受社会福利的人是否需要工作、环境保护或抑制污染是否存在地方标准等；在基于案例的学习中，学习者通过研究案例、总结诊断案例获得必需的知识和思维技能。案例学习抛锚于真实的情境，学习者必须像实践者那样思考和学习面对复杂的情境；基于项目的学习侧重于相对长期的、整合的教学单元，学习者关注于由多个案例构成的复杂项目。"problem-based"式基于问题的学习一般是由多门课程整合的综合课程，要求学习者自主地解决大量的案例。从案例、到项目到问题是逐步复杂的，但都主张主动的、建构的和真实性的学习，学习者对于问题或学习的目标拥有自主权。这里的问题不是经过严格定义的，是非良构的，问题是不断涌现出来的，需要学习者自己进行界定的。非良构问题具有以下特点：没有阐明问题的目标及约束条件，拥有多个解决路径或根本无解，拥有多个评价标准及原则，无法确定哪一个概念、规则或原理是问题解决所必需的，以及它们之间是如何组织的。对于大多数案例而言，不存在预测结果的普遍规则或原理，需要学习者对问题进行判断，并通过表达自己的观点与信仰来为自己的判断进行辩护。

1. 问题情境

同样的问题在不同的情境中会有完全不同的表现，因此对问题进行表征的重要内容之一就是描述问题所处的情境。可以将问题情境分为两类，一类是绩效环境，即问题所处的物理环境、社会文化环境和组织氛围等；另一类是实践者社区/执行者/利益相关者。问题情境中相关人员的价值观、信仰、社会文化期望及风俗习惯对理解和解决问题非常重要，相关人员的经验、技能、爱好、特性等也需要考虑。由于学习具有社会性与情境性，对成员所属社区的了解也很重要。

2. 问题表征/模拟

问题的表征对于学习者理解和解决问题非常关键，问题的表征应该具有趣味性、吸引性和挑战性。范德比尔特大学认知与技术小组（Cognition and Technology Group at Vanderbilt，CTGV）用高质量的视频情节来表征问题并吸引学习者参与，虚拟现实也可能成为一种有效的问题表征工具，叙述是一种有效的低成本问题表征方式，可以借助文本、音频、视频等形式进行叙述，故事也是一种主要的问题表征方式。问题表征的最大特点在于它的"真实性"，所谓"真实性"，即为学习者提供与真实世界中的认知挑战相类似的活动，"真实性"还强调问题与学习者的个人兴趣及需求密切相关，具有一定的认知挑战性。

3. 问题操作空间

学习者只有在参与的过程中才会更加主动地进行学习，因此必须对某些对象进行操作①。问题操作空间提供了学习者对环境进行操作的对象、符号及工具，问题操作空间的形式取决于建构主义学习环境所处的活动结构本质，应该为学习者提供真实世界任务环境的物理模拟——帕金斯（D. Perkins）称之为"现象"，这类"现象"（或称"微世界"）呈现了一个包含验证学习者的假设所需观察和操作工具的简化模型，学习者可以在这一空间中自由探索、实验，以验证其研究假设，因此必须具有可操作性、敏感性及现实性等特征。

（二）相关案例

新手解决问题常常缺乏相关的经验，因此相关案例能够为学习者提供理解问题表征的相关经验。相关案例至少能够以两种方式支持学习：为学习者的记忆提供支架以及增强认知灵活性。

1. 为学习者的记忆提供支架：基于案例的推理

从教学经验中我们知道，凡是那些学习者主动参与并付出很多努力的课程，一定是其学得最好的课程，相关案例能够通过向学习者提供新经验的表征而为记忆提供支架（或代替记忆）。虽然相关案例的提供不能够代替学习者的主动参与，但能在一定程度上为问题的解决提供某种程度的比照。根据我们在日常生活中解决问题的经验，当一个人首次面对某一问题的时候，他首先会回忆是否遇到过类似的问题，如果之前遇到过类似的问题，那么他就会将先前解决问题的经验应用于当前的情境。相关案例的作用是为学习者提供解决类似问题的经验，以供学习者参照。因此，教师要注重根据不同知识领域的特点进行案例的收集、整理和制作。

---

① 注：比如建构一个产品、操作一个变量或做出某一决策等。

2. 增强认知灵活性

相关案例也可以从不同的视角、主题或相互关系加深学习者对复杂问题的理解，认知灵活性理论为案例的选择与设计提供了理论基础。为了增强认知灵活性，针对同一问题（或项目）为学习者提供具有一定关联度的、而又能体现不同视角、不同观点的案例至关重要。学习者可以通过对不同案例的比照分析形成自己的观点。

（三）信息资源

学习者智力模式的建构、假设的形成，以及对问题空间的操作都离不开信息资源的支撑，丰富的信息资源是良好学习环境的重要特征之一。这些资源可以供学习者进行选择，同时又能为问题的解决提供即时的帮助。信息资源可以是文本、图形、声音、视频、动画等多种形式。当使用网络资源时，设计者首先需要对网络资源进行选择和评估，以确保为学习者提供与解决问题密切相关的、有组织的、能够提供即时帮助的信息资源。

（四）认知（知识建构）工具

由于建构主义学习环境呈现的学习任务常常是复杂、新颖而真实的，因此需要学习者对任务进行一系列的操作，认知工具则能够为学习者任务操作能力的提高提供支架。认知工具是那些能够使学习者主动参与、并促进特定类型认知过程的计算机工具，它们是思维技能视觉化、组织化、自动化或替代思维技能的智力设备。一些认知工具可以取代思维，另一些则可以使学习者在工具的帮助下主动对信息进行处理。学习环境中的认知工具既可以帮助学习者收集信息，又能更好地对问题进行表征，还能整理思维，从而减轻认知活动的负荷，因此需要认真选择各种类型的认知工具。

1. 问题/任务表征工具

学习者关于对象、系统或其他现象的心智模型中包含一定的视觉空间成分，为了能够更全面、深刻地理解和认识问题对象，人们往往会在大脑中形成关于认识对象的心智图像，视觉化工具可以帮助学习者建构这类心智图像及形象化活动。许多的视觉化工具为学习者提供了适合推理的表征，地理、数学等学科都已开发出大量的视觉化工具。视觉化工具一定是与特定的学科或知识领域相关联的，不存在超越知识领域的、普遍适用的视觉化工具。

2. 静态和动态的知识建模工具

学习者在问题解决的过程中，需要将自己所知道的东西清晰地表述出来，因此就要借助于建模工具的支持和帮助。静态知识表征工具包括数据库、电子表格、语义网络、专家系统、超媒体构件等，它们有利于帮助学习者对各种现象的认识和理解。为了表征复杂、动态学习系统之间的关系，就需要借助动态的建模工具。

3. 绩效支持工具

在许多情况下，那些重复性的、规则性的任务可以借助绩效支持工具将其自动化，以减轻学习者的认知负荷（比如记忆负担），使学习者能够将更多的时间和资源用于解决那些高强度的、高级认知任务。

4. 信息收集工具

由于充分的信息资源对于问题的解决非常重要，又鉴于目前大多数学习者并不具备较高水平的信息检索技能，如果学习者在信息的获取方面花太多时间，就会影响主要任务的完成，因此在学习环境中应为学习者提供搜索工具。

（五）会话/协作工具

当代技术支持的学习环境概念更强调使用多样化的、以计算机为媒介的通信来支持学习者之间的交流与协作，因为人们共同协作解决问题比孤立地学习学到更多的东西，所以建构主义学习环境要为学习者提供共享信息、交流协作、支持知识建构的工具。各种形式的学习社区（讨论区、知识创建社区、学习者社区等）将促进学习者的交流与协作，网络技术的不断发展更为各种网上社区的创建提供了便利与可能。

（六）社会/情境支持

设计和实施建构主义学习环境时，还需要考虑与建构主义学习环境应用相关的物理、组织和文化因素，了解和分析建构主义学习环境实施的具体情境，还要对使用建构主义学习环境的教师和学生进行相关的辅导与培训，以确保建构主义学习环境的有效实施。

除了以上建构主义学习环境的各个构成部分之外，乔纳森还根据学习者在建构主义学习环境中开展学习活动的要求，推荐了三类教学活动策略：建模、指导和支架。

1. 建模

建模是建构主义学习环境中最容易实施的教学策略，可以将建模策略分为两类：关注外部行为的行为建模和关注内在认知过程的认知建模。行为建模主要为学习者提供在问题解决的过程中需要怎样做的示范，认知建模则希望帮助学习者清晰地阐明活动中的推理过程。①行为建模。行为建模的作用在于为学习者细致地展示熟练操作者（而不是专家）的每一个活动，以便为学习者提供标准行为的样例，供学习者在需要的时候通过点击"展示"或"告诉我如何做"等图标进行观摩，在样例设计和选择时要考虑到活动中的细节问题。范例是常用的问题解决行为建模方式，每个范例包含对一个熟练问题解决过程的描述，范例的提供有利于学习者问题图式的形成及对问题类型的识别。②认知建模（清晰地阐明推理过程）。认知建模的最根本的目的就是使隐藏的认知过程外显化，使每一步的推理过程清晰化，以便学习者能够分析自己的认知过程，了解自己做了什么，为什么这么做，以及下一步该怎样做等。对于非良构问题的解决尤其需要如此。

2. 指导

大多数的教学通常假设学习者首先通过简单粗糙的模仿，进而将操作过程清晰化与熟练化，最终成为一个熟练的且具有创造性的执行者。以上的每一个阶段都会涉及指导的问题。指导的角色复杂且没有固定的程式，但通常会起到激发学习者、分析学习者行为、提供反馈与建议等作用。这种指导可以是由学习者主动要求的，也可以是指导者根据对学习者的观察而提供的。

（1）提供与动机相关的提示

好的指导者首先会告知学习者学习任务的重要性，当学习者没有主动参与问题解决时，对其进行督促、鼓励，在开始解决问题时增强学习者的自信心。一旦学习者主动进入解决问题的状态，动机提示就要很快淡出。当学习者在解决问题过程中遇到困难的时候，指导者还需要给予其适当的帮助。

（2）监督并调节学习者的行为

指导者的关键角色在于监督、分析和调节学习者重要问题解决技能的形成，因此需要做如下工作：为学习者提供提示与帮助，敦促他们进行某方面的思考[①]，提醒他们进行合作，指导他们与相关案例进行对比思考，帮助他们使用认知工具并提供反馈等。

（3）激发反思

好的指导者需要促使学习者对自身的行为进行不断反思。促进反思的相应认知策略有许多：可以要求学习者反思自身的行为，反思形成的假设，反思问题解决中使用的策略；可以要求学习者解释自身的行为反应，验证自己的回答，陈述解决问题的过程，与指导者进行辩论等。

（4）质疑并调整学习者建构的问题解决心智模型

初学者建构的问题解决心智模型往往是有缺陷的，不能够对问题的构成进行正确表征，对于之后的问题解决可能起误导作用。因此，指导者需要促使学习者质疑和反思自己建构的问题解决心智模型，指导学习者根据环境的要求和对问题的深入认识调整其心智模式。可以通过向学习者提出一些有助于他们理解的问题，或引导学习者反思自己做过的事情，或提出与学习者的观点和解释相矛盾的看法等来帮助他们完善自己建构的问题解决心智模式。

3. 支架

建模关注的是熟练操作者的行为，指导关注的是学习者的行为，支架则是一种支持学习者、任务、环境及教师的综合性方法。支架能够为学习者提供其能力尚不具备的而问题解决又必须的、支持学习者学习和行为的临时性框架，在建构主义学习环境中可通过"请帮助我完成"这样的按钮为学习者提供支架。通常情况下可以为学习者提供三种形式的支架。

（1）调整任务的难度

先为学习者提供当前能够完成的、相对简单的任务，然后逐渐增加任务的难度，引导他们一步步深入，直到学习者不能独自胜任为止。

（2）重构任务以弥补学习者预备知识的缺乏

在建构主义学习环境中，可以通过对任务的重新设计或为学习者提供各类认

---

① 注：提醒他们查找资料、进行比较、提出问题、得出结论等。

知工具来帮助缺少相关知识的学习者更加准确地表征或操作问题。

（3）提供多种评价

在建构主义学习环境中，向学习者清晰地传达项目或问题隐含的目标是非常重要的。学习者理解了所需要解决方案的类型、评价解决方案的标准时，才会更加准确地理解任务的含义，才能够有目的地调节自己的注意、努力的方向和思维的策略。

第 七 章

有效教学设计的结果与证据：
课堂评价

第一节　教育评价的发展、类型和功能

一、对教育评价的多重理解和认识

由于教育实践活动是复杂的活动，对教育实践活动进行评价的过程则更加复杂和多元化。又由于不同时期所处的社会、文化及历史条件的不同，受到不同的教育哲学思潮、教育理论及教育实践的影响，不同的评价理论形成。总体而言，对于教育评价的理解和认识大体上经过三个发展阶段，也相应地形成了如下三种不同的认知倾向。

（一）教育评价是对教育活动进行价值判断的过程

现代教育评价作为一个独立的领域诞生于 20 世纪 30 年代的美国，其标志性事件就是美国著名学者、"教育评价之父"泰勒所主持的对致力于美国中学课程改革的"八年研究"所做的跟踪研究与评价。

将教育评价视作"对教育活动进行价值判断的过程"这一类观点在教育评价研究中长期以来一直占据着主导地位，例如泰勒在其所著的《课程与教学的基本原理》一书中，明确提出评价过程本质上是一个确定教育与教学计划实际达到教育目标的程度的过程。虽然上述界定没有直接谈到价值及价值判断的内容，但它通过教育与教学计划以及教育目标的关系，间接地把价值判断的内涵提了出来。自此，"教育评价是价值判断"的观点得到了许多研究者的认可。例如我国学者张厚粲认为，教育评价就是依据一定的教育目标，利用科学的手段收集信息，在此基础上进行价值判断的过程。[①]陈玉琨也指出，教育评价从本质上是一种价值

---

① 张厚粲. 构建教育评价体系的新探索——《教育评价概论》评介[J]. 山东教育科研，1998（1）：79.

判断的活动，是对教育活动现实的或潜在的价值做出判断的过程。①

（二）教育评价是提供评价信息的过程

教育评价是提供评价信息的过程这一观点始于 20 世纪 60 年代，并在教育研究和实践中产生了较大影响。美国学者克隆巴赫（L. J. Cronbach）率先对泰勒的教育评价观点做出批判，他指出评价能完成的最大贡献是确定教程需要改进的地方，认为教育评价是指为获取教育活动的决策资料，对参与教育活动的各个部分的状态、机能、成果等的情况进行收集、整理和提供相关信息的过程。②之后，美国著名教育评价专家斯塔弗尔比姆（D. L. Stufflebeam）提出的"评价最重要的意图不是为了证明，而是为了改进"的观点也影响深远。在此基础上，斯塔弗尔比姆将教育评价界定为"为教育决策提供有用信息的过程"。③

（三）教育评价是一个共同建构的过程

20 世纪 70 年代以后，随着教育研究中质性方法的发展，教育评价中逐渐出现许多新的思想和方法，一些研究者以当代哲学如现象学、解释学、符号互动理论等为基础，提倡在教育评价中使用顺应人类本性的评价模式。他们提出的"共同建构"，即通过对各类与评价有利害关系的人的需求、关注点和问题的应答，并通过解释性辩证环节进行对话和协商，逐步达成共识，最后形成共同建构的过程。④

二、教育评价的类型

（一）按照评价标准划分的类型

根据评价标准的不同，教育评价可以分为相对评价、绝对评价和个体内差

---

① 陈玉琨. 中国高等教育评价论[M]. 广州：广东高等教育出版社，1993：23.
② 〔美〕克隆巴赫. 通过评价改进教程[A]. 陈玉琨，等，译. //瞿葆奎. 教育学文集·教育评价[C]. 北京：人民教育出版社，1989：164.
③ 〔美〕斯塔弗尔比姆. 方案评价的 CIPP 模式[A]. 陈玉琨，等，译. //瞿葆奎. 教育学文集·教育评价[C]. 北京：人民教育出版社，1989：298-301.
④ 刘志军. 教育评价[M]. 北京：北京师范大学出版社，2018：35-37.

异评价。

1. 相对评价

相对评价也称为常模参照评价，即以被评价群体的常模为参照，用以说明一个个体在群体中所处的位置，并用其在群体中所处的位置说明其优劣。

相对评价不是以教育目标或课程标准对个体进行评定，而是把个体和被评定的群体进行比较，用于说明其优劣。例如，一个学生的数学考试成绩是 80 分，如果全班的平均成绩是 75 分，那么这个学生的数学成绩是比较好的；如果全班的平均分是 80 分，那么这个学生的数学成绩处于平均水平；如果全班的平均分是 90 分，那么这个学生的数学成绩较差。因此，相对评价主要是用于甄别和选拔的。由于相对评价是被评价群体内部的相互比较，所以相对评价容易引起被评价者之间的相互竞争，激发评价对象学习或工作的积极性。但是，相对评价又容易给评价对象带来较大的心理压力，经常使用相对评价会使一些评价对象产生焦虑。相对评价的具体方法主要有排名次、等级积分（例如 A、B、C 等）、标准分等。

2. 绝对评价

绝对评价也称标准参照测试评价，它是以教育目标或课程标准为参照而对被评价者的表现或者成就进行评定的，绝对评价的实质是在确定评价对象实现教育目的或课程目标的程度。绝对评价之"绝对"，核心就在于其评价的标准是教育目标，是把教育目标或课程标准作为绝对统一的评价准则的，是把所有评价对象的表现或成就与确定的目标进行比较，看其达到目标或实现目标的程度，不像相对评价那样，在评价内部进行相互比较，相对评价标准是随着被评价群体常模的变化而变化的。绝对评价常常运用于课程学习成就评价、学生综合素质评价和资格考试中（例如教师资格证考试、驾照考试等）。

3. 个体内差异评价

个体内差异评价是一种以个体过去的表现为参照的评价。相对评价是以被评价群体的常模为参照进行的评价，是在被评价群体中寻找评价标准。绝对评价是在被评价对象之外确立评价标准。个体内差异评价则是从个体自身的表现中寻找评价标准，一般是把被评价者的当前表现和过去的某个或某些表现进行比较，用于判定被评价者是进步还是退步。新课程改革倡导发展性学生评价理念，个体内差异评价是最有效的发展性评价类型之一。教师应当积极运用个体内差异评价，促进学生不断发展。

（二）按照评价功能划分的类型

根据评价作用和功能，教育评价又可以分为诊断性评价、形成性评价和终结性评价。

1. 诊断性评价

诊断性评价的主要目的是了解评价对象的已有条件和基础，以便根据评价对象的实际和特点组织教育教学活动。也就是说，诊断性评价的目的是更好地因材施教。诊断性评价常常在一个教学周期或一个新的教学单元开始之初进行。教师为了有的放矢，使自己提出的教学要求、选择的教学方式、组织的教学活动与学生原有的知识、能力基础、学习特点相适应，从而取得理想的教学效果，就必须进行有效的诊断性评价。诊断性评价的方法主要有文献法、调查法和测验法。

2. 形成性评价

形成性评价是在教育教学活动过程中进行的评价，其主要功能在于及时了解教育教学活动的情况和效果，以教学目标为依据，对教学过程进行实时的调节和改进。运用形成性评价的主要目的不是给学生评定分数或成绩，而是发现学生学习中存在的问题和不足，以及教师教学方面存在的问题，分析问题成因，并及时采取适当的改进措施，以保证教学任务的完成和教学目标的实现。形成性评价的实践形态主要有三种：课堂教学中的即时评价、课后作业评价和单元测验。形成性评价具有即时性、过程性和长期性的特点。

（1）即时性

形成性评价的即时性是指当教学行为或教学活动发生时，或发生后不久就进行评价，以便及时发现问题，针对存在问题和不足及时采取补救措施，以保证教学目标的实现，如课堂教学中的评价、课后作业评价、单元测验等。

（2）过程性

形成性评价的过程性是指评价是在教育教学活动过程中进行的，是一种动态性评价。也就是说，只要教学活动还在持续进行，评价活动原则上就不会结束。

（3）长期性

形成性评价的长期性是指评价要在一个较长的教学周期，长期坚持运用，才能起到促进学生学习发展和教师教学发展的作用。教师不能试图通过一两次的形成性评价就取得一劳永逸的效果。所以，形成性评价可以说是一种经常性评价。

3. 终结性评价

终结性评价也称作总结性评价或结果性评价。终结性评价是指在一定的学习周期或教学活动周期结束时，对学习效果或活动效果的价值判断，主要是对活动主体取得的成绩或绩效进行评定。例如，学期末各科进行的期末考试、期末班主任组织对学生的综合素质评价、高中学业水平测试、学校对教师的年度考核等，都属于总结性评价。在我国的中小学，总结性评价已经成为学校管理活动的主要内容。[①]

三、当代教育评价的功能

（一）导向功能

导向功能指的是教育评价所具有的引导评价对象朝着理想目标努力的功效和能力。导向功能本身具有前瞻性，是指面向未来的，并且具有一定的弹性和可塑性，直接关系到学生、教师及学校发展的前景和方向。

在教育评价活动中，一般要根据评价目标设计评价指标和标准，然后依据评价标准进行评价。因此，评价内容在一定程度上决定了评价对象会注重哪个方面的学习；评价标准则在一定程度上决定了评价对象会向哪个方向努力。也就是说，评什么、怎么评将直接引导评价对象在教育教学工作中做什么、怎么做。

发挥教育评价的导向功能，要求教育评价方案的制定者，从实际出发，既要考虑社会的价值需求，也要注意评价对象本身的需求，把人们正确引导到既符合社会发展规律，又能满足个体需要的目标上。同时，要发挥评价的导向功能，就必须依据教育目标制定恰当的评价内容和评价标准，对教育过程与效果进行全面评价。此外，教育评价要顺应时代的发展，了解教育改革的新动向，及时调

---

① 刘志军. 教育评价[M]. 北京：北京师范大学出版社，2018：77-84.

整评价内容和重点，使之既符合教育教学实际，又体现教育评价的发展性和先进性。

（二）诊断功能

诊断功能指的是教育评价对评价对象的实际状态、各类影响因素等信息进行诊断或评判的功效和能力。一般来说，诊断多发生在教师在学年或学期、课程研制或课堂教学开始之前，为查明学生的学习准备状况及影响学习的因素而实施的评价，主要帮助教师根据评价的结果，确定教学的起点，安排、调整教学计划，为因材施教做好准备。

发挥教育评价的诊断功能，要求评价者既熟悉了解教育教学活动，又具备一定的专业评价素养与技能。首先，要求评价者通过各种方法获取诊断性信息；其次，要求评价者在获取教育活动的实际状态、影响教育活动过程中的各种因素等方面的信息后，对各类信息进行归类整理，并做出价值判断，辨别信息所反映的正常与异常、优与劣、好与坏等；最后，要求评价者认真分析、推理，对某一具体的、特定的教育教学活动做出全面、准确的诊断，进而肯定成绩、指出问题及其成因，并设计出有针对性的问题解决方案。"诊断"已成为当代教育评价特别强调的功能之一。

（三）鉴定功能

鉴定功能指的是教育评价评定和判断评价对象的学习优劣程度、水平高低、合格与否等实际价值的功效与能力。我国教育评价主要由行政部门实施，其鉴定功能尤其明显，特别是将评价活动纳入管理工作之中，作为教育管理的一种常用手段，常与总结性评价密切相连，用于各种督查、考核、评估等。

在教育评价中，鉴定一般分为三种类型：一是水平鉴定，即依据一定的标准，鉴定评价对象达到标准的程序，例如，学业水平考试就是一种典型的水平性考试，为的就是鉴定已完成某一学段学习任务的学生是否达到了该学段的毕业水平；二是评优鉴定，即通过对评价对象相互之间的比较，评定、筛选优者；三是资格鉴定，即对评价对象是否具有从事某种活动的资格进行鉴定，例如，教师资格考试、管理人员资格考试等。

早期的教育评价偏重鉴定或筛选功能，现代教育评价尽管强调反馈、矫正功能，但评价的鉴定功能依然不可或缺。发挥教育评价的鉴定功能，有赖于教育评价内容和标准的科学性，以及评价结果的可靠性和有效性，只有在深入考察评价对象、真正了解实情的基础上，才能做出科学的鉴定。

（四）调控功能

调控功能指的是教育评价对评价对象的教育教学或学习活动等进行调节和控制的功效及能力。教育是一个系统，处在不断发展变化的状态，为了使教育能达到预期目标，需要对教育系统的各个环节、组成部分等进行有效监控，并做出适当调整。在教育管理过程中，教育评价担负着监控和调整的重要作用，可以通过依据预期的目标制定评价系统和评价标准，监控评价对象的变化情况，对于偏离目标的行为及时进行调整。

发挥教育评价的调控功能，需要建立一系列严密操作程序，要求评价者必须有组织、有计划、连续地、系统地收集信息、分析信息和利用信息。

（五）改进功能

改进功能指的是教育评价促进评价对象为实现理想目标不断改进和完善自我或行为的功效和能力。教育评价的改进功能与形成性评价紧密相连，通过合理的、实时的评价，可以明辨是非、区分优劣，还可以为评价对象提供反馈信息，使评价对象看到自己的进步和成绩，明确自己的缺点和不足，激发其不断发展的动力，从而不断实现自我修正与完善。

发挥评价的改进功能，要求评价者必须严肃、认真、负责地组织评价活动，使评价科学、公平、公正、合理，信息反馈要及时、灵活、有效；同时，要求评价者能深入教育教学实际活动，与评价对象相互沟通，针对评价中出现的问题，不断协商讨论，共同研究改进提高的途径和办法；还要重视评价对象的心理反应，调动其内部积极性，鼓励评价对象积极参与评价过程，充分利用自我评价，重视自我激励的作用。[①]

---

① 刘志军. 教育评价[M]. 北京：北京师范大学出版社，2018：68-72.

第二节　促进学习的课堂评价

一、促进学习的课堂评价的内涵

（一）什么是课堂评价

不同的学者从不同视角对课堂评价的概念进行了诠释。例如，有研究者认为课堂评价是指围绕课堂教学活动的各种评价形式的总称。它既包括各种随堂练习、测验以及课后作业，也包括教学情境中师生的互动和交流，还包括教师对学生表情、行为、学习状态和个性特征等情况随时随地地观察和判断。[1]有研究者认为，课堂评价是教师在日常教学实践层面通过观察、交流、作业、测验等手段，收集学生学习信息，为教和学的改进提供决策基础的活动。因此，课堂评价是对学生学习的评价，课堂评价关注的是学生的学习情况，课堂评价的重点不在于价值判断，而在于收集学生学习信息并运用信息以促进学习。[2]课堂评价的实践形式多种多样，包括纸笔测验、课堂作业或家庭作业、课堂提问、课堂观察、表现性评价、档案袋评价等多种形式。[3]还有研究者指出，与其他形式的教育评价相比，课堂评价的目的不在于选拔、不在于认证、不在于监测，也不在于问责，其最终目的在于促进学习。已有研究表明，有效的课堂评价可以极大地影响学生的学习动机，还可以通过影响教学而改进学生的学习。[4]

（二）什么是促进学习的评价

英国学者布莱克（P. Black）和威廉（D. William）在 1999 年首次提出了"促进学习的评价"这一概念，之后英国评价改革小组在此基础上将其定义为教师和学习者收集和解释证据，以决定学习者现在在哪里，将要去哪里以及如何更

---

① 尚俊杰. 学习科学导论[M]. 北京：北京大学出版社，2023：530.
② 王少非，等. 促进学习的课堂评价[M]. 上海：华东师范大学出版社，2018：10.
③ 王少非，等. 促进学习的课堂评价[M]. 上海：华东师范大学出版社，2018：19-24.
④ 王少非，等. 促进学习的课堂评价[M]. 上海：华东师范大学出版社，2018：72-78.

好地到达那里的过程；还有研究者认为，促进学习的评价是在整个教与学的过程中诊断学生的学习需求，计划教学的下一步，为学生提供反馈，使他们可以提高学习活动的质量，并帮助教师理解学生、引领学生通往成功之路的评价。①尽管不同学者对于这一概念有不同的理解，但一致认为促进学习的评价具有如下的共同特征：①关注学习。促进学习的评价的核心就是学习，所以它要监控学习、追踪学习。②重视过程。它是发生在教师与学生教与学的日常活动中，是一个持续不断的过程。③重视证据。它不是依据经验作出价值判断的过程，而是基于证据作出教学决策的过程。④重视学生的参与。它突出了学生在评价中的重要性，强调学生不仅是评价的对象，更是评价的主体。②

（三）什么是促进学习的课堂评价

促进学习的课堂评价指在课堂教学情境中，教师、学生和同伴依据一定的学习标准或学习目标，收集相关证据，对学生的学习过程或学习结果作出描述或价值判断，从而促进和支持持续的学习。③

二、促进学习的课堂评价的五个关键要素

（一）关键要素1：明确的目的

课堂评价的主要目的在于收集学生学习的信息，并以此来做出一些教学决策。因此，教师首先需要明确评价的目的究竟是什么，然后决定评价的类型、形式和频次，以及评价结果所需要的详细程度和类型。下述三个问题可以使教师进一步厘清课堂评价的明确目的：①谁将使用这些信息？在班级层面上，通常是学生、教师或家长将使用这些信息。②他们将如何使用这些信息？是用于形成性评价（旨在学习过程中指导教学）还是用于总结性评价（用来报告已经发生的学习）？③他们需要什么样的信息，并且需要详细到什么程度？

这一关键要素，对教师的课堂评价能力提出了如下要求：①能辨别课堂评价的主要使用者，并且了解他们的信息需求；②理解形成性评价和总结性评价的用

---

① 王少非，等. 促进学习的课堂评价[M]. 上海：华东师范大学出版社，2018：72-78.
② 尚俊杰. 学习科学导论[M]. 北京：北京大学出版社，2023：530-531.
③ 尚俊杰. 学习科学导论[M]. 北京：北京大学出版社，2023：531.

处，并且知道何时使用它们。

（二）关键要素 2：清晰的目标

除了明确的目的外，开始评价的时候就必须对被评价的学习内容有清晰的感知，也就是说要清楚地知道希望学生掌握的学业成就目标和作为教学重点的学科内容标准，这也就是我们通常所说的学习目标。因为对于不同的学习目标，课堂评价方法可能是不一样的。

另外，这个学习目标不仅对教师而言必须是清晰的，对学生来说也必须是清晰的。因为当学生清楚地知道他们需要做什么的时候，成功的概率就会提高。如果没有清晰的目标，学生就会缺少进行自我评价、设定目标，以及按照收到的描述性反馈行动所必需的信息。模糊的学习成就期望会造成类似的模糊行为期待问题，即学生逐渐走向失败的困惑和冲突。研究者又进一步指出，清晰的目标可以帮助学生了解他们需要承担哪些学习责任，以帮助学生更好地理解反馈并根据反馈采取行动，还可以为学生的自我评价和设定下一步的学习目标做好准备，更可以助力学生追踪、反思和分享他们的学习。[①]下述三个问题可以使教师进一步厘清课堂评价的学习目标要素：①学习目标对教师而言清晰吗？②哪种学业成就将被评价？③这些学习目标是教学的重点吗？

这一关键要素对教师的课堂评价能力提出了如下要求：①能知道如何辨别不同类型的学习目标；②能知道如何将宽泛的内容标准转换成课堂中的学习目标；③能以清晰的学习目标开始实施教学计划；④能将学习目标转换成学生可以理解的语言。

（三）关键要素 3：合理的设计

这一要素关注的重点是：如何设计评价方法，使其与学习目标相匹配，并服务于教学目的。

要想准确地评价，就需要进行科学的评价设计，以便能够反映预期的学习目标。所以，教师需要根据评价目的和学习目标，选择一种或多种恰当的评价方法，如标准化测试、自陈式量表、表现性评价、档案袋评价，或其他评价方法和

---

① 〔美〕简·查普伊斯，〔美〕瑞克·斯蒂金斯，〔美〕史蒂夫·查普伊斯，等. 促进学习的课堂评价[M]. 赵士果，译. 上海：华东师范大学出版社，2021：64.

技术。下述四个问题可以帮助教师进一步厘清课堂评价的合理设计要素：①评价方法和学习目标匹配吗？②选取的样本能恰当地代表学习吗？③题目、任务和评分量规质量很高吗？④评价能够控制偏差吗？

这一关键要素对教师的课堂评价能力提出了如下要求：①设计评价能满足预期的形成性目的和总结性目的；②选择的评价方法能和预期的学习目标相匹配；③理解并能恰当地应用对学习进行抽样的原则；④编写和选择的评价项目、评价任务、评分指南和评分量规能达到质量标准的要求；⑤知道和避免会扭曲结果的各种偏差来源。

（四）关键要素 4：有效的交流

一旦有了明确的信息需求、清晰的学习目标、准确收集的评价信息，评价者就必须及时地将评价结果以可被理解的方式与预期的使用者进行交流。形成性评价信息要为学生提供必要的描述性反馈，而不是一个简单的成绩。在总结性评价的情境中，交流结果能够使所有的接受者理解学生学习的有效性。下述四个问题可以使教师进一步厘清课堂评价的有效交流要素：①评价的结果能够被用来指导教学吗？②形成性评价能够被用作有效的反馈吗？③学业成就能追踪到学习目标并根据标准报告结果吗？④成绩能准确地交流学业成就吗？

这一关键要素对教师的课堂评价能力提出了如下要求：①能使用评价信息来计划教学；②能在学习过程中为学生提供有效的反馈；③能准确地记录形成性评价和总结性评价产生的信息；④能恰当地整合和总结信息，以正确地反映学生当前的学习水平；⑤能正确地解释和利用标准化考试的结果。

（五）关键要素 5：学生的参与

这一个要素突出和强调了让学生参与评价的重要性。因为让学生的学习获得成功的最有效的教学决定，并不是由教师作出的，而是由学生自己作出的。学生可以决定这个学习目标是否值得努力去实现，也可以决定他们是否有能力去实现自己的学习目标，还可以决定是继续学习还是放弃。总之，只有当学生做出确切的决定时，教师的教学才能促进他们的学习。因此，课堂评价工作的一个重要部分是让学生了解他们作为学习者的进步情况，让他们相信自己是学习者，这样他们就会不断地努力学习。

下述四个问题可以使教师进一步厘清课堂评价的学生要素：①评价能满足学生的信息需求吗？②学生清楚学习目标吗？③学生会利用评价得来的信息进行自我评价以及设定新的目标吗？④学生能跟踪和交流他们的学习进度吗？

这一关键要素对教师的课堂评价能力提出了如下要求：①能把学生看作评价信息的重要使用者；②能与学生共享学习目标和质量标准；③能设计评价方式，以便学生能根据评价结果进行自我评价和设定新的学习目标；④能让学生参与追踪、反思和分享自己的学习进度。①

三、促进学习的课堂评价七策略

（一）我要去哪里：提供清晰易懂的学习目标

促进学习的课堂评价策略从为学生提供学习目标开始。在教学一开始或学生独立学习之前，教师要与学生分享学习目标，要使用学生可以理解的语言，并检查以确保他们能真正明白。跟学生分享学习目标的方法有三种：①照本宣科地陈述学习目标；②把学习目标的描述转换成学生能够理解的语言；③如果学习目标使用了评价量规，需要将规则转换成学生容易理解的语言。总而言之，要确保学生能够明白课堂关注的学习目标到底是什么。

目标导向一般可以分为如下三种类型：①学习导向。学习目标导向的学生主要为提高学习和变得更好而付出努力。持这种导向的学生相信成功意味着他们的能力提高了，他们在学校的任务是发展新技能、学会有意义学习。他们的目标是不断取得进步，渴望成为有能力的人，以及掌握和得到更好的证据是激励他们的动力。他们寻求帮助更多是为了发展自己的能力。②表现或自我导向。表现导向的学生在学校会努力维护自身的自我价值感。他们做得比别人好或者表现相当出色是为了获得公众的认可。这种导向的学生通常认为成功是能力所致，而非努力的结果。他们通过做得比别人好或基本不付出努力就能成功，来证明自己的能力很强，据此维系自我价值感。他们的目的是希望被评价为聪明，或者与别人相比，自己是有能力的。自我导向的学生的努力主要是为了通过证明自己能力强或

---

① 〔美〕简·查普伊斯，〔美〕瑞克·斯蒂金斯，〔美〕史蒂夫·查普伊斯，等. 促进学习的课堂评价[M]. 赵士果，译. 上海：华东师范大学出版社，2021：3-10.

者掩盖自己觉察到的能力缺陷，从而保持积极自尊。③完成任务导向。完成任务导向的学生会积极努力完成任务，认为完成任务是他们的职责。这种导向的学生相信作业的目的是分数和成绩，而不是学习和掌握。

（二）我要去哪里：使用好作业和差作业作为样例和示范

从匿名的学生作业、校外生活的例子和自己的工作里寻找好与差的范本，帮助学生区分什么作业是合格的，什么作业是不合格的。学生通过分析这些样例的质量解释自己的判断。如果能努力让学生分析例子或样板并且运用得当的话，学生就会认识到什么样才是良好的知识、理解、技巧、作品或者表现。当然，也要让学生知道一个优秀的作业也是一步步修改完善出来的。

（三）我现在在哪里：在学习进程中有规律地提供描述性反馈

描述性反馈就是为学生提供能够改善学习的信息。在现有的教学体系中，学生做的大部分作业要接受评分，并且学生收到的唯一正式反馈可能就是成绩。不幸的是，成绩传递的是一种被编码过的终结性评价，它并不包含学生哪些地方学得好，他们下一步应该怎么做的具体信息。

对于既定学习任务的目标而言，描述性反馈可以鉴别出学生在达成目标过程中所具有的优势和劣势。相对于"我需要到哪里"，描述性反馈帮助学生回答"我现在在哪里"这一问题，同时也为"我如何填补差距"指明道路。另外，要鼓励学生之间相互提供反馈，已有研究表明同伴反馈能带来良好的学习效益。

（四）我现在在哪里：教会学生自我评价并为下一步学习设定目标

有了这个策略，教师就能够让学生成为学习的主人。本质上，当教师教会学生自我评价和设置目标时，实际上是在教他们为自己提供反馈。

自我评价是课堂学习中非常重要的一部分。自我评价包含让学生完成以下几个方面的工作：①确定自己的优势以及有待改进之处；②在一堂课结束后借助反馈日志对自己的学习进行总结，记录下自己所学的内容的关键点和仍然存在的问题；③使用已经建立的标准，为自己的档案袋选择一个表明某种能力熟练程度的作品，并解释为什么要选择这个作品样例；④为同伴提供描述性反馈；⑤使用教师评价、同伴评价以及自我评价，让自己清楚需要做什么，并为下一步的学习设定目标。

（五）我如何缩小差距：根据学生的学习需求确定下一步教学

这一教学策略事实上是在教学周期中为教师建立了一个反馈回路，使其可以根据学生已经掌握和尚未掌握的具体情况，核查学生的理解程度并判断下一步需要做什么。学习科学研究表明，学生学习需求的确定，决定了下一步提供什么样的反馈，或者是否需要进一步的教学。通常情况下，教师可以通过查找学生作业存在的问题类型引导学生做出解释，通过提出探究性问题等确定学生的学习需求，也可以采用随堂测试、测验，与学生个别交流、通过同事之间的讨论等多种方式确定学生的学习需求。

（六）我如何缩小差距：设计聚焦性教学并配以提供反馈的练习

从"促进学习的课堂评价七策略"整体来看，这一策略就是要结合前五个策略，为学生搭建一座能够实现预期学习的桥。具体而言，这一策略通过设计聚焦性教学，以解决策略识别出来的具体错误或问题，从而支持学生的学习。如果达到学习目标的能力由多个方面组成，那么教师可以通过每次解决一个方面来发展学生的一部分能力，并且一定要让学生明白所有这些部分最终将融为一体。

针对目标领域的教学结束后，教师可以先让学生进行实践，比如做练习，待学生有所提高之后再对其做评价，最后给出成绩。让学生有机会在获得有针对性的反馈的基础上修改作业、作品或表现，这比直接给成绩更重要。这样能够减少需要进一步反馈的学生的数量，尤其是那些需要通过补救才能达标的学生的数量。这样做对教师来说反而更节省时间，对学生来说也更具有指导性。

（七）我如何缩小差距：为学生提供机会去追踪、反思和分享自己的学习过程

这一策略的应用就是帮助学生回顾过去，注意到自己的成功和进步，进行反思，并予以分享。意识到自己朝着一个目标努力并取得了进步，这可以强化学生努力的价值，还会激发学生更加努力，从而取得更大的成就。

当学生记录自己的进步，定期地加以反思时，他们就是在关注自己的学习。任何要求学生反思自己所学、分享进步的活动都能促进学生的学习。这些活动让学生有机会去认识自己的长处和短处，感受自己如何掌控获得成功的条件。通过反思自己的学习，学生加深了对知识的理解，从而将知识记得更牢。通过分享成果，学生追求进步的决心就会更大。总之，当教师提供精心设计的机会让学生去觉察学习、去反思学习、去与重要的人分享时，评价过程及结果就能够在学生心中生成学习的内在动机。

上述策略通过为学生提供清晰的、可以达到的学习目标，使学生掌控自己的学习，教会他们评价自己当前处于学习目标的哪个层次，并为他们提供可以缩小当前水平和需要达到的水平之间差距的策略。目标定向、反馈和自我评价的研究，结合起来支持促进学习的评价，并认为促进学习的评价，是服务学生学习和幸福感的最佳方式①。

第三节　课堂中的表现性评价

一、表现性评价的学习科学基础

（一）学习科学关于"专家-新手"研究的启示

学习科学研究表明，专家是依靠高度组织化的知识来解决他们专长领域中的问题的。尽管任何领域的专家都拥有大量该领域的基础知识，包括事实和技能，并且知道何时以及怎样使用该领域的知识，但专家所掌握的知识最突出的特点还在于，它们是围绕相对而言数量少得多的一些"大观念"（如基本概念、原理、理论或主题）组织起来的。这使得专家在问题解决的过程中能够用该领域的基本原理而非表面特征去解释问题，从而提高解决问题的效率。显然，掌握围绕某一学科领域的基本概念、原理组织起来的知识体系比掌握彼此孤立的事实和技能更有用。相应地，评价的任务和目标不仅要确定学生是否获得了该领域的知识、技能，而且要判断学生是怎样组织知识的，以及他们的知识最终是否围绕相关的概

---

① 〔美〕简·查普伊斯. 学习评价 7 策略[M]. 刘晓陵，等，译. 上海：华东师范大学出版社，2018：7-12.

念原理组织起来。因此，围绕一个学科领域的基本概念和原理组织起来的各知识要素及相互之间的联系将成为评价、测试与评分的焦点，表现性评价在评价这些深度理解和真实能力方面有独特的优势。

（二）元认知理论：自我指导的学习

20世纪90年代以来，元认知理论成为心理学和学习科学研究的热点之一，并对教育实践产生了较大的影响。元认知是关于认知的认知，是个体对自己的认知加工过程的自我觉察、自我反省、自我评价与自我调节。元认知策略利用认知过程中获得的知识，通过确立学习目标与计划、监控学习过程和评估学习结果等手段来调节行为。学习科学研究表明，学会如何学习实际上就是掌握学习的元认知知识和监控学习过程的问题。随着科学家对于元认知研究的进一步深入，人们更加坚信：通过元认知方法进行教学可以帮助学生学会在达成学习目标的过程中，通过定义学习目标及监控进程调控自身的学习，从而培养自主学习的能力。

对于评价来说，就是要充分发挥元认知在学生学习中的作用，使学生成为积极的自我评价者，通过自我评价来规划和管理自己的学习。在促进学习的评价范式下，人们已经逐渐达成共识：评价最重要的意图不是审查，而是改进。为了实现这种改进，在实施评价时必须依据目标对活动的过程与结果进行诊断，进行调节与控制，并促进活动向着预定的目标行进。所以，促进学习的评价包含学习主体对活动的导向与控制、审视与诊断、促进与激励，这个过程同时也是元认知的培养过程。

（三）脑科学研究的成果启示

近年来脑科学研究取得的一系列成果，提示研究者和设计者要创设与脑活动一致的学习活动及其评价。这就要求设计者在设计学习活动或评价任务的时候注意以下几点：①在学习环境的创设上，一方面要去除那些对身体或心理安全产生影响的恐惧与焦虑，为学生提供积极的学习经验和情感体验；另一方面，要强调学习环境的真实性——真实的地点、真实的人和真实的物体。②在教学内容和方法的选择上，要能够激发学生的兴趣，能够帮助学生理解影响他们的周围世界；

要为学生提供学什么以及如何学的多重选择，关注多元智能、高阶思维以及个性发展。③要让学生有充足的时间，以便对概念、原理和技能等进行深入的探究、理解和应用。正是上述的这些要求不断激励评价者超越纸笔测验的限制，让学生将所获得的知识应用于真实情境中。[①]

二、表现性评价的特征与构成三要素

（一）对表现性评价的理解和认识

表现性评价有着悠久的历史，在不同时期和不同情境中，人们对表现性评价的理解和运用情况也不太一样：①20世纪中前期，"表现性评价"这个术语多数情况下与不需要书面写作的实践性测验联系在一起。在教育领域，它指检测个体在特定情境任务中的能力，大都运用于职业课程中的实践领域，如工程、打字、音乐和美术等。②20世纪80年代以来，表现性评价在教育领域的应用情境主要是在核心学术课程中（数学、语言、科学等）。对表现性评价的不断关注，并将其更多地聚焦于学术性科目，是源于对滥用以多项选择题为主的纸笔测验的不满。多项选择题不能检测复杂的表现、高阶的思维，且因为滥用，给教学和学习带来了很大的负面影响。当人们寻求一种更合适的评价方式来评价学生复杂的表现、高阶的思维时，表现性评价就被认为是一种适宜的选择。

虽然目前对于表现性评价的理解和认识尚未达成共识，但基本上认为表现性评价具有如下共同特征：①真实情境中的任务。这里的"真实"，要求教师将评价所测的能力直接与学生生活中复杂的能力（例如要求学生写一个宣传小册子、制作一幅地图、创作一个食谱、评价某种行为、制作一段视频、编写一个计算机程序等）链接，以提高学生将习得的能力迁移至学校情境之外的生活中的程度。这些真实情境中的任务，既是学习任务，同时也是评价所要完成的任务，它关注的重心是如何发现和建构知识，而不仅仅是简单地获取知识。②学生的建构反应。建构反应和选择反应是两种不同的认知过程，选择反应的评价以完全结构化的任务限制了学生反应的类型。而建构反应的评价允许学生按照自己的方式自由反应，学生的创造力得以表现，建构反应更加接近真实世界的问题解决。③依据

---

① 周文叶. 中小学表现性评价的理论与技术[M]. 上海：华东师范大学出版社，2014：21-25.

评分规则的判断。表现性评价要求学生建构反应，而不是选择一个现成的答案。并且，表现性评价不仅评价学生行为表现的结果，同时也关注学生行为表现的过程。因此，表现性评价与选择题的评分不同，它没有一个统一的标准答案，不存在对错之分，只存在程度之别。表现性评价不能借助计算机和扫描仪进行判定，而只能根据事先设置好的评分规则，依靠评价者的经验和智慧来决定学生表现的可接受程度。④评价与教学的统整。表现性评价具有教学性成分，学习和评价能同时执行，它能很好地与教学统整在一起。①

（二）表现性评价的构成三要素

表现性评价由三个核心要素构成，即基于课程核心的目标、表现性任务和评分规则。

1. 基于课程核心的目标

表现性评价不是让学生对知识进行简单回忆，而是对学生完成任务的能力的展示。学生必须综合而又灵活地运用所学知识，进行思维加工和判断，进行各种探究活动，有个性地展示自己的才能，从而创造性地解决问题。

因此，表现性评价要检测的是那些基于课程核心的，需要持久理解的目标。这些目标是学生学习的重点部分，对于它们所指向的内容，学生不仅应当熟悉，还应当能够切实应用，以实现持久的理解。对于具体的课程而言，核心的、需要持久理解的目标就是那些具有超越课程内容的持久价值的"大观念"，并且这些目标必须是学生通过自主发现与探究才能达成的，而不是教师教了就会的。这些目标的实现将为学生终身学习能力和心智的养成提供活力。

具体而言，适合表现性评价的目标具有如下特点。

（1）复杂的学习目标

表现性评价的一个主要优势就是能对涉及校内外自然情境中复杂表现的教学目标的实现情况进行评价，它可以检测传统纸笔测验检测不了的复杂的学习结果，例如沟通技能（如论文写作、演讲、外国语的应用等）、操作技能（如实验室仪器设备的安装、显微镜的使用、解剖青蛙等）、运动技能（如射击、接球、单脚跳、游泳等）、概念获取（如为任务选择适当的工具和解决办法、辨认不知

---

① 王少非. 课堂评价[M]. 上海：华东师范大学出版社，2013：113-114.

名的化学物质、对实验数据资料进行归纳等）、情意技能（如自制、服从学校规章制度、在合作小组里一起工作等）。

（2）需要持久理解的目标

在众多学习目标中，由于目标层次的不同，有的目标所指向的知识内容只需要学生熟悉，而有的则需要学生持久理解。持久理解中的"持久"，不是局限在课堂中，也不是局限在学校生活中，而是延伸到整个社会生活，延伸到每一位学生的终身学习。相对应地，持久理解中的"理解"，即学生拥有超越教科书知识与技能的某种东西——那就是学生真正得到的，它是指一种在具体环境中灵活运用知识和技能的能力，而不是像在考试中以一种照本宣科的方式输出知识。

需要持久理解的目标往往是那些基于课程核心的目标（图7-1），它是学生学习的重点部分。对于这些内容，学生不仅应当熟悉，还应当能够切实应用。在实践中，如果我们把注意力集中于学生的持久理解上，课程内容的安排就不能只停留在简单的记忆、背诵上，而是需要经历实践性任务来实现。

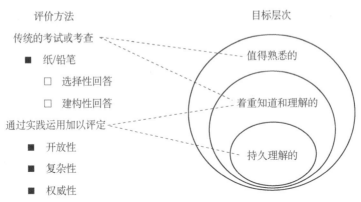

图 7-1　目标层次与评价方法关系示意图[①]

（3）整合多种智能的目标

从多元智能的角度来看，传统的纸笔测验主要针对的是语言智能、数理逻辑智能的一部分，有时也会涉及视觉空间智能。而真实情境中的任务是复杂多样的，仅凭语言智能和数理逻辑智能是完成不了的。表现性评价关注的是对学生表现的直接观察，并且在任务中表现出来的能力是能迁移到校外生活中的。因此，旨在实现学生能力迁移的表现性评价，不仅涉及语言智能、数理逻辑智能，而且

① 周文叶. 中小学表现性评价的理论与技术[M]. 上海：华东师范大学出版社，2014：70.

涉及视觉空间智能、身体运动智能、音乐智能和人际交往智能等，并且后面几种智能在表现性评价中更能得到充分的表现。

2. 表现性任务

表现性评价中需要学生完成的任务称作表现性任务。表现性任务是表现性评价的核心要素之一，它是紧扣学习目标而设计的特定作业，旨在引发学生的表现行为，从而收集学生表现的证据，作为评价学生的依据。表现性任务必须包含任务的刺激情境和对应答的规定（任务指导语）这两个基本要素——表现性任务的情境强调真实性，突出任务与真实世界的关联。在对应答的规定上，它不是简单地选择答案，而是需要建构答案的复杂表现或是产品的完成。

表现性任务的类型有多种，常见的表现性任务形式有：①纸笔任务，如论述题、问题解决题。②展示。展示需要学生能使用知识和技能展示一个良好界定的复杂任务。展示不像项目那样历史长久，也不如项目复杂。展示的任务一般是良好界定的，并且学生和评价者都知道正确的解决方向，然而它也允许个体间有所差别，例如让学生展示做面包前揉捏面团的动作、展示在绳子上爬行、展示在互联网上查询信息等。③实验与调查。实验或调查是学生制定计划、执行计划，并且解释实验研究（调查）结果的过程。实验或调查包含发生在自然或者社会科学领域的广泛的研究活动，它们可以由学生个体执行，也可以由小组合作执行。实验或调查评价的是学生是否能合理地运用所要检测的技能，可以评价学生是否掌握了合适的概念框架或理论，以及对研究对象的基于原理的阐释。④口头表达与角色扮演。口头表达要求学生以演讲、角色扮演、辩论、访谈或其他口头表达方式，运用口头表达技能来展现所掌握的相关知识。演讲是口头表达的重要形式之一。角色扮演将口头表达展示与表演等综合在一起，学生基于他们对小说或者历史人物的理解，通过扮演角色来展示人物立场和性格。⑤项目。通过项目，可以评价学生综合运用知识的能力，项目可由学生独立完成，也可由小组合作完成。

3. 评分规则

评分规则又被译为评价量规、评分量规，评分细则等。评分规则是由教师或评价者开发出的一种描述性评分量表，其目的是分析学生的学习结果，包括学习作品和学习过程。总体上来说，评分规则描述了和标准相关的、期望学生达到的表现水平，告诉评价者应该在学生的作品中寻找什么特征或标志，以及怎样根据事先定好的规则评价这个作品。

一个完整的评分规则由四个成分组成：表现维度、表现等级、描述符和表现样例：①表现维度。也称作"指标"，是确保学生表现的最重要的组成部分，数量不能太多。②表现等级。也称作"成就水平"，通常用数字（如1、2、3、4），或字母（如 a、b、c、d）或高、中、低之类的文字来进行等级或水平的描述，是学生表现的水平，一般在 3—6 个级别。表现等级要注重彼此之间的连续性，也就是说等级和等级之间在质量上的差异是相等的。③描述符。描述符是用语言陈述的、达到某一等级或水平的具体表现，描述符应当反映某一水平的表现的重要特质。④表现样例。一个完整的评分规则通常还会提供表现样例，即符合评分规则中某一等级的描述的实例，如学生在具体评价任务中的表现或者学生作品。具体样例能够为评分规则的目标用户（如教师、学生）等理解和运用评分规则提供支持。表 7-1 为评价规则的基本格式，缺少表现样例。

表 7-1　评分规则的基本格式 ①

表现维度	等级 1	等级 2	等级 3	等级 4
评价维度 a	描述符 a1	描述符 a2	描述符 a3	描述符 a4
评价维度 b	描述符 b1	描述符 b2	描述符 b3	描述符 b4
评价维度 c	描述符 c1	描述符 c2	描述符 c3	描述符 c4
……				

三、表现性评价的潜力与局限性

相比于传统的纸笔测验，表现性评价具有如下潜力。

（一）能够检测传统纸笔测验检测不了的教育结果

1. 不仅评价学生"知道什么"，更重要的是评价学生"能做什么"

传统的纸笔测验难以反映学生在真实情境中运用已有知识做事的能力以及完成任务的过程表现；表现性评价关注的就是学生知道什么和能做什么，它通过客观测验以外的行动、作品、表演、展示、操作、写作等更真实的表现，来展示学

---

① 周文叶. 中小学表现性评价的理论与技术[M]. 上海：华东师范大学出版社，2014：117.

生的口头表达能力、文字表达能力、思维能力、创新能力、实践能力及学习成果
与过程。事实上，表现性评价的这一潜力在音乐、美术、体育等课程的评价中已
经得到了很大程度的体现。

2. 不仅评价学生行为表现的结果，更重要的是评价学生行为表现的过程

当前大多数学生学业评价是结果评价，评价者关注的大多是学生最后取得了
多少分数。表现性评价则强调学生的实际表现及历程，典型的表现性评价不但关
注学生完成的课题、艺术作品、研究报告等学习结果，而且关注产生这些学习结
果的整个过程。

**3. 不仅评价某个学习领域、某方面的能力，更重要的是评价学生综合运
用已有知识进行操作与表现的能力**

表现性评价不局限于评价学生的记忆、认知能力，它更关注非认知因素，如
与人合作的能力、参与社会活动的能力等，突出了情感、态度、价值观因素在学
生发展中的重要地位。表现性评价理念下的学生不再只是跟书本、习题、考卷打
交道的"书呆子"，他们必须参与活动、操作、实践表现，从而全面地发展能
力。他们也必须综合、灵活地运用所学知识进行思维加工和判断，进行各种探究
活动，个性地展现自己的才能，从而培养创新能力。

（二）可以促进学生的学习与成长

当前对于表现性评价的强调，除了它具有检测传统纸笔测验检测不了的教育
结果的潜力，更重要的是试图通过它来进行系统的教学改革。表现性评价对促进
学生的学习与成长的潜力体现在如下几个方面。

1. 能让学生更清楚"我要去哪里"

教学的目的在于促进学生有效、高效地学习。要使学生有卓越的学习表现，
首先应当让他们知道学习结果，要求他们改进不理想的或令人不满意的结果。表
现性评价中的评分规则清晰、详细地描述了预期目标，强调可以判断学生表现
的指标，从而为学生提供努力方向，有助于激发学生的学习动机。

2. 能让学生更清楚"我现在在哪里"

表现性评价非常注重在学习过程中为学生提供反馈，以便学生获得和利用可

了解自己表现的各种机会，从而不断地根据评价目标对自我表现进行自我评价和自我调整，进而逐步完善自己的表现。在表现性评价中，反馈贯穿评价的整个过程，而不仅仅是评价后的事情。同时，教师改变了诸如评分、等级、简单的表扬等提供反馈信息的传统形式，而是为学生提供频繁的、持续的、经过证实的、有帮助的学习过程证据，能使学生把当前表现与预期达到的结果进行比较。这些建设性的评价反馈能够明确地告知学生在学习上的优缺点，并且用学生能理解的语言描述学生表现的质量。在表现性评价中，教师通过评分规则所提供的有效反馈，能够极大地帮助学生的学习。

3. 能让学生更清楚"我是学习的主人"

"教是为了不教"，即教学应当发展学生自我学习的能力与责任。传统的测验导致以教师为中心的评价模式；表现性评价则旨在培养学生的自我评价能力，希望学生能够成为学习的主人和评价的主体。在这样的评价中，教师的主要职责是辅助学生，使其对自己的学习负责任，辅助其成为熟练的自我评价者。

表现性评价中清晰界定的目标和为学生提供的有效反馈信息，能够让学生对自己的学习作出客观的评价，也能使学生逐渐习惯把持续性的评价作为完成任务的一个自然的、有意义的过程来对待。在这一过程中，他们利用评价的指标来了解自己的进步，评判自己的成绩，监控自己的发展。因此，表现性评价有利于学生对自己的学习负起更多的责任，从而真正成为学习的主人。[1]

（三）表现性评价的局限性

表现性评价虽然有诸多优势和潜力，但它也存在一定的局限性：首先，表现性任务的开发有很强的专业性，开发过程需要投入较多的人力和时间；其次，表现性任务的评价需要配套评价细则，评分过程也需要投入较多的人力和时间。因此，表现性评价的实施难度较大，实施效率远不如纸笔测验。虽然信息技术的使用可帮助记录用于评价的数据，但后期分析这些数据是一项不小的工程[2]。

---

[1]　周文叶. 中小学表现性评价的理论与技术[M]. 上海：华东师范大学出版社，2014：15-18.
[2]　尚俊杰. 学习科学导论[M]. 北京：北京大学出版社，2023：528.

四、表现性评价在课堂中的实施

表现性评价检测的是那些高级的、需要学生持久理解的目标。相应地，其设计与实施也比较复杂，所需要的时间和精力也比较多。因此，教师在课堂中实施表现性评价时要特别谨慎，可以参照如下环节开展实施。

（一）在设计教学活动之前设计表现性任务

要实现表现性评价与教和学的统筹，教师需要在设计教学活动之前设计表现性任务，即"逆向设计"。逆向教学设计就是在决定教学生什么之前，先按照一定的目标开发评价设计，然后进行教学内容的选择和教学活动的安排，并在教学活动中引导学生获得目标表现。具体的做法是：①在设计和实施一个单元或主题的教学之前，罗列这个单元或主题的学习目标，然后选出这个单元或主题最关键的目标。之所以要在单元或主题开始设计之前就思考这个问题，是因为这些表现性任务是贯穿整个单元或主题的，跨越较长时间。②针对选定的关键目标设计表现性任务，开发评分规则。③将评价任务镶嵌在教学活动中，使其成为教学活动的一部分，这样就能确保表现性评价在课堂教学中的实施，同时也不占据额外的时间。

（二）确信学生知道做什么、怎么做

与传统纸笔测验不同，表现性评价需要学生通过完成任务来展现自己的理解或技能。因此，评价者要确信学生知道自己将要完成什么样的任务，任务有什么具体规定。

表现性任务比较复杂，尤其是具有挑战性的任务，需要学生经历实验、收集信息、形成假设、寻求策略和解决问题的过程。为了让学生真正理解任务的要求，能表现出所要检测目标的真实水平，教师要考虑用学生容易理解的方式和语言呈现问题情境和任务指导语。对于不同年级、不同认知水平层次的学生，教师在选择问题情境和任务指导语的呈现方式上可有不同。

（三）帮助学生理解评分规则

帮助学生理解评分规则，一方面有助于他们理解任务，让学生事先知道多好

才是足够好，评价者将会从哪几个方面对自己的表现进行评价，理解这些内容有助于学生把任务完成得更出色；另一方面，是为了学生更好地评价自己或同伴的表现。同伴互评的目的不仅仅是为被评价者提供建设性反馈，还能够使作为评价者的学生熟悉任务的重要特征。自评和互评的前提都是学生要透彻地理解评分规则。教师应该让学生有机会学习评分规则，如果有可能的话，让学生参与评分规则的制定，而且尽可能地为学生提供各个水平的表现样例。

（四）观察并收集学生的学习表现信息

收集学生的学习表现信息，涉及以下几个问题：谁参与收集（收集学习者信息的主体）、怎么收集（收集信息的手段）、收集多少（收集信息的数量）、什么时候收集（收集信息的时间）等。

1. 收集学习者信息的主体

表现性评价给予学生展示自己最佳表现的机会。为了展示自己的最佳表现水平，学生需要提供证明自己表现的证据。因此，在表现性评价实施的过程中，收集学习信息的不只是教师，还包括学生自己。根据时间等资源的可利用情况，一般将学生分成小组，由同一小组的同学进行表现信息的收集。教师可以观察一组学生或是抽取几个代表学生的表现。有些表现性评价需要学生个体收集和记录自己的表现，为自己的最佳表现提供证据。表现性评价如果用于终结性评价，那一般需要多个评价者对被测者进行表现信息的收集。事实上，这在平时许多学生的竞赛活动中也很常见，往往由多个评委来观察和收集学生的活动表现。

2. 收集信息的手段

在平时的课堂教学中，教师一般都用肉眼去观察学生的活动表现，然后根据评分规则的要求，做好相应的记录。随着信息技术越来越发达，教师应当考虑用信息技术来帮助收集和记录信息。

3. 收集信息的数量

实施表现性评价时，教师要考虑需要获得多少信息才能做出适切的决策。有些表现和作品仅需观察一次就可收集足够信息，有些表现和作品，则需较多次地观察。

4. 收集信息的时间

表现性评价有的是评价任务的结果，有的是评价任务的过程，有的是两者兼而有之。如果要检测过程，教师就要在学生一开始执行任务时对其表现进行细致观察，并通过一定手段尽量准确地收集学生的表现信息。如果评价的是表现的成果，如作品，那么只需要在学生完成作品后收集学生的最终作品就可以了。[1][2]

（五）基于评分规则的反馈

在收集到学生的学习表现信息后，还会涉及对这些信息的解释和应用问题，这正是促进学生的学习和教师教学的关键所在。表现性评价的构成及其特征决定了在这方面所具有的独特优势。

要改善与促进教和学，就需要把收集到的学生学习表现信息与目标要求进行比较，找出差距是反馈具体且有指向性的评分规则。作为表现性评价的一个重要构成要素，评分规则不仅是评价工具，还是学习的工具和教学的工具，充分利用评分规则给出的评价结果，能更好地为教与学提供有效反馈。

1. 教师的反馈

利用评分规则，教师可以对学生的表现作出描述性反馈，即为学生提供直接与学习相关的、详细的、具体的描述性信息。基于评分规则的描述性反馈可以改变教师提供反馈信息的传统形式，如评分、分等和简单的表扬等，进而为学生提供具体的、持续的、特定的、指向明确的、实证的、有帮助的描述性证据。当教师运用一个详细的评分规则的语言来描述学生的表现时，学生不仅能够知道自己当前的表现水平，还能够有针对性地发现并理解自己当前存在的问题。同时，将开发好的评分规则（包括各个水平的压力）呈现给学生，学生就能够判断自己的现有水平与期望水平之间的差距。基于评分规则的描述性反馈，而不是判断式反馈方式，能够使学生免于承受成绩/等级带来的压力，因而更容易被学生接受。

2. 学生自我的反馈

在表现性评价中，评分规则不仅是教师用以评价学生表现的指标，也可以成为学生对自己的表现进行反馈和监控的手段。当学生把评分规则作为自我监控的

---

① 周文叶. 中小学表现性评价的理论与技术[M]. 上海：华东师范大学出版社，2014：156-159.
② 王少非. 课堂评价[M]. 上海：华东师范大学出版社，2013：127-130.

工具时，评分规则就起到促进学习的作用。具体而言，学生可以利用评分规则解释并理解教师给出的评价结果，或根据评分规则进行自我评价、自我反馈——一方面，学生在完成任务的过程中，可以参照评分规则，或是将自己的表现与优秀的样例做比较，找出差距，了解自己的进程，评判自己的成绩，监控任务表现的质量；另一方面，学生记录自己的表现时，就得用事先确定的评分规则作为记录的参考框架，并且运用这一参考框架进行自我评价。当整理自己的记录，如建立成长档案袋时，他们能够看到自己的变化，并对这些变化进行反思。如果他们能看到自己的进步，就会获得对自己学习的监控感，这是信心的重要来源。而当学生学习的信心增强时，他们获得成功的可能性就会大大增加。

3. 同伴的反馈

有了可以共享的清晰而具体的评分规则，学生就可以根据收集的学习表现信息进行互评。因为要评价别人，学生就必须更准确、更细致地理解评分规则，弄清楚什么样的表现是好的，这有助于促进其更深刻地理解表现的内涵。而在互评过程中，学生运用评分规则对同伴的表现进行描述时，也更加清楚地看到自己的表现在评分规则中的位置。可见，互评能帮助学生增强目标意识和达标意识。同伴的反馈也同时解决了教师难以在课堂上给每一位学生做出有针对性反馈的问题，在小组合作、同伴反馈的过程中，学生有机会在整个学习过程中观察同伴，而且他们观察到的细节往往比教师所看到的更多。同时，来自同伴的反馈可以让学生更客观地了解自我，同伴的反馈有时比教师的反馈更容易被学生接受。[①]

第四节　课堂中的过程性评价：面向核心素养的教学设计实践案例之四

北京市十一学校在课堂落实核心素养的实践探索，从教学设计的目标、内容、策略等方面开展了系统变革，提出"从结果检测到过程性评价是在课堂上落实核心素养需要重视的关键环节"，将过程性评价贯穿学生学习的全过

---

① 周文叶. 中小学表现性评价的理论与技术[M]. 上海：华东师范大学出版社，2014：161-164.

程，形成了一系列可供学习和借鉴的实施课堂中的过程性评价的有益经验。

一、对结果检测的反思

在日常教学中，教师对评价的认识更多地集中在对学习结果的检测上，不论是单元学习后的单元检测，还是一个学期后的阶段考试，检测方式基本上是命题来检测学生的学习结果。这种检测方式必不可少，具有其他评价方式不可替代的作用。但这种检测方式属于终结性评价，代表了学生以往的学习结果，是对一段时间内学生学习结果的反馈。但是结果性检测不利于发现学生学习过程中的问题，更忽略了对学生学习过程的评价，尤其是学生在学习动机、学习态度以及学习方法上存在的问题，而这些恰恰是影响学生学习的重要因素。结果性检测反馈出的学习成绩对解决学习过程中的问题帮助不大。

二、过程性评价是及时发现学生问题的"晴雨表"

如果说结果检测发现的问题都是过去时，具有滞后性特点，那么过程性评价发现的问题则是现在进行时，它将学生在学习过程中存在的问题及时地反馈出来，像一个"晴雨表"，随时告知学生在学习过程中的"阴晴风"。

从某种程度上说，结果性检测是与教学分离的，是发生在教学之后的。过程性评价则将评价看作教学活动的一部分，它与教学过程有紧密联系。从时间上来说，过程性评价包括教学前的评价、教学中的评价以及教学后的评价，贯穿学生学习的全过程。例如，在正式上课前，学生的出勤情况、学习用品的准备情况、实验的预习情况等可纳入评价；在学习进行中，学生是否积极思考、是否主动参与、是否敢于质疑等也可纳入评价；在教学活动之后，学生是否能温故知新、是否及时完成作业、是否善于用所学内容解释和解决实际问题等还可纳入评价。

另外，过程性评价的内容不仅可以是具体的学科内容，还可以是对学生学习方式、学习态度和学习习惯的评价。更广泛的评价内容不仅可以帮助学生发现学习过程中的具体问题，更有利于学生养成良好的学习习惯和培养优秀的学习品质，更好地促进学生学习和全面发展。

三、将过程性评价作为引导学生进行自我反思的调节器

过程性评价是为了学习而进行的评价，其重要优势就是能及时地向学生和教师反馈信息，暴露学生在学习过程中的困难和问题。这一方面促进了教师的反思，教师可以及时地采取措施，调整策略，有针对性地帮助学生；另一方面也促进了学生的反思，学生可以发现自己的优势或不足，不断进行自我调整。更为重要的是，过程性评价更容易让学生在多个维度、多个方面发现自己和反思自己，更全面地认识自己，在多条路径上实现自我调整、自我发展。

四、强调过程性评价要关注对学生行为表现的评价

在落实核心素养的课堂上，教学目标已经超越了单纯的知识和技能维度，要注重学生能够运用所学内容解决问题的迁移应用目标，要帮助学生建构学科大概念的意义建构目标。因此，教学过程也更加凸显学生的学习和体验，更加强调学生自主性、积极性的发挥；倡导通过创设问题情境，引导学生以生活、生产中的实际问题为导向，开展探究、自主、合作式的学习。

因此，过程性评价的开展要紧扣指向核心素养的教学目标，围绕教学过程，聚焦学生的体验与探究过程，关注学生在解决问题过程中的行为表现。这样不仅可以评估学生核心素养的水平，还可以激励学生更加深入地思考，更加持续地理解，从而发展其学习的深度和广度。对学生行为表现的评价可采用多种方式，如课堂观察、课堂参与、作业展示、口头汇报、写作、表演、实验操作等。①

---

① 王春易，等. 从教走向学：在课堂上落实核心素养[M]. 北京：中国人民大学出版社，2020：187-193.

第 八 章

有效教学设计应用的典型模式：理解、支架、项目及脑

第一节　基于理解的教学设计

一、理解是学习科学关注的重要目标和研究领域

在学习科学领域的经典著作《人是如何学习的：大脑、心理、经验及学校》一书中，作者首先强调了新学习科学的一大特色就在于它强调理解性学习。在直觉上，理解是完美的，但是我们一直很难从科学的角度来研究它。同时，学生常常很少有机会去理解或真正弄明白所学内容，因为许多课程总是强调记忆，而不是理解。教科书充满了要求学生记住的事实，大多数测验也只是评价学生记忆事实的能力。因此，研究者建议教师基于学生的理解开展教学，"那种把儿童当作是用教师提供的知识来填满的空容器的教学模式必须被替换"，教师必须积极地探究学生的思维，创建可以揭示学生思维的课堂任务和条件。然而理解性学习往往比简单记忆更难取得成功，而且更费时，师生要同时付出更多的努力。[①]

二、基于理解的教学设计的基本思想

美国学者威金斯（G. Wiggins）和麦克泰格（J. McTighe）在 1998 年提出了以"发展和深化学生的理解"为目标的"追求（基于）理解的教学设计"（Understanding by Design，UbD）模式。UbD 模式的提出和倡导者呼吁学生要为理解而学，学校和教师要为理解而教；教师要成为培养学生理解能力的教练，而不仅仅是学习内容和学习活动的提供者；学校教学应以促进学生持久、深入的理解为目标，致力于帮助学生理解重要概念并将其所学应用到新的情境之中。UbD 模式是当代教学设计的标志性模式，尤其是 UbD 模式所倡导的"逆向设计"理

[①] 〔美〕约翰·D. 布兰思福特，安·L. 布朗，罗德尼·R. 科金，等. 人是如何学习的：大脑、心理、经验及学校[M]. 扩展版. 程可拉，孙亚玲，王旭卿，译. 上海：华东师范大学出版社，2013：8-21.

念和方法对追求有意义、有效果的教学设计以及思考和寻求教师教学行为转变的路径颇有启迪。UbD 模式作为一种"以终为始"的教学设计模式，提出直接针对传统教学设计中存在的两个误区：一是"活动导向的设计"，其不当之处在于"只动手不动脑"，即使活动非常有趣，但未必能让学生获得智力上的成长。以活动为中心的课堂往往缺乏对存在于学习者头脑中的重要概念和恰当的学习证据的明确关注。学生认为自己的任务只是参与，认为学习只是活动，而不是对活动意义的深刻思考。二是"灌输式学习"，即学生根据教材（或教师通过课堂讲稿）逐页进行学习（讲授），尽最大努力在规定时间内学习所有事实资料。因此，灌输式学习就像走马观花式的欧洲之旅，没有总括性目标引导。研究者指出第一种误区经常发生在小学和初中阶段，而第二种误区通常发生在高中和大学阶段。[①]

威金斯和麦克泰格所提出的 UbD 模式，突出体现了学校科学关于"人是如何学习的"证据和理念：①有效学习的视角已经从强调学生的勤学苦练转变为注重理解和运用所学知识。②通过死记硬背获得的知识很难实现学习的迁移，只有当学习者理解了基本的概念和原理时，才有可能在新的情境中运用知识来解决问题。因此，理解比在课堂学习中简单地死记硬背更能够促进知识的迁移。③专家首先会依据核心概念或重要观点进行思考，寻求对问题的理解；为了促进学生的理解，教师需要围绕学科的关键概念（大概念）或"核心问题"对课程内容进行结构化组织，而不是停留在零散的、琐碎的、面面俱到的知识点的讲解上。那种只强调知识广度（只注重浮光掠影地覆盖教材内容）缺乏深度的教学妨碍了学生对知识进行深度的理解和融会贯通，只能让学生获得一些零散无序的知识。④体验式学习可以激发学生的多重感官，不仅吸引学生积极参与，还可以激活学生的长时记忆。⑤学习最好的记忆方法就是通过各种方式将知识运用到真实情境中。

另外，在和一线教师合作多年开展教学设计实践的过程中，威金斯和麦克泰格发现单节课相对简单，时间太短，以至于无法考虑大概念的深入发展，也无法探究基本问题和实际应用，不能实现复杂的学习目标。而项目学习对于许多教师来讲具有一定的难度和挑战性。因此，他们选择了单元作为教学设计的切入点，强调"以单元教学为主"，以"单元"为单位对教学进行整体性设计。UbD 模式

---

① 〔美〕格兰特·威金斯，〔美〕杰伊·麦克泰格. 追求理解的教学设计[M]. 2 版. 闫寒冰，宋雪莲，赖平，译. 上海：华东师范大学出版社，2017：1-18.

也是为单元设计服务的，适合高阶思维的培养，不是所有的教学目标和内容都需要采用 UbD 模式的理念和方法。为了确保 UbD 模式的实施，教师应该成为培养学生理解能力的教练，而不仅仅是内容和活动的提供者，教师要确保学生的学，而不仅仅是完成教学任务。①

三、理解的六维度

UbD 模式的提出者威金斯和麦克泰格首先对理解的内涵进行了重新界定②③，不仅大大拓展了布卢姆教育目标分类中的理解维度，而且包含高层级的认知目标、情感目标与元认知目标。

（一）解释

解释是指学习者能够运用概念或原理，结合所提供的系统而又合理的现象、事实和数据，来建立深层次的联系，并能够给出合理的说明与论断。解释意味着学生能将零散的、具体的事实和更大的观点、概念联系起来，而且能证明这种联系是合理的，意味着学生能展示他们的工作过程，而不仅仅是直接给出答案。表达解释的行为动词有"演示、描述、设计、展示、表现、指导、预测、证明、显示、辩解"等。以人教版小学五年级"体育与健康"课程中的"营养单元"为例，处于理解"解释"层面的学生，要求"能够描述什么是平衡的饮食结构"。

（二）释义

释义指学习者能够有意义地叙述情节，提供合理的翻译以及从客观或自己的角度来揭示事物的意义。"释义"特别强调学习者用自己的语言来讲述，其强调的是意义，而不是貌似合理的解释。通常通过具有感染力的故事来传递见解，而非抽象的理论。表达解释的行为动词有"批判、评估、说明、判断、弄懂、提供

---

① 〔美〕格兰特·威金斯，〔美〕杰伊·麦克泰格. 追求理解的教学设计[M]. 2 版. 闫寒冰，宋雪莲，赖平，译. 上海：华东师范大学出版社，2017：7-9.
② 〔美〕格兰特·威金斯，〔美〕杰伊·麦克泰格. 追求理解的教学设计[M]. 2 版. 闫寒冰，宋雪莲，赖平，译. 上海：华东师范大学出版社，2017：170-175.
③ 〔美〕格兰特·威金斯，〔美〕杰伊·麦克泰格. 理解为先模式——单元教学设计指南（一）[M]. 盛群力，沈祖芸，柳丰，等，译. 福州：福建教育出版社，2018：103-110.

隐喻、创建类比、领悟言外之意、代表、讲述故事、翻译"等。以人教版小学五年级"体育与健康"课程中的"营养单元"为例，处于理解"释义"层面的学生，要求"能够说明快餐食品的流行反映了当代人怎样的生活状态"。

（三）应用

应用指学习者能够在复杂的真实环境中运用和调整所学的知识，也就是能够真正地将课程知识迁移到实际情境中。表达应用的行为动词有"适应、建立、创建、调试、决定、设计、展示、发明、演出、生产、提出、解决、测试、使用"等。以人教版小学五年级"体育与健康"课程中的"营养单元"为例，处于理解"应用"层面的学生，要求"能够为特定的对象设计既营养健康又美味的午餐"。

（四）洞察

洞察指学习者能够评判性地看待事物或听取他人的想法及观点，能够从整体上认识并理解事物的本质，提出批判性的、富有洞见的观点。"洞察"所体现的是学习者所具有的从不同视角看待事物的能力。表达洞察的行为动词有"分析、争论、比较、对比、批评、推断"等。以人教版小学五年级"体育与健康"课程中的"营养单元"为例，处于理解"洞察"层面的学生，要求"能够分析中餐的营养搭配原则在其他西方国家是否适用"。

（五）移情

移情强调学习者从他人角度看待问题，既能够深切体会别人的情感，同时又能够很好地控制自身的情绪。移情不是简单的情感反应，也不是同情，它意味着学习者能够站在别人的立场、以别人的眼光、换位思考地看待问题。移情与洞察的不同之处在于：洞察包含以批判的角度看待事物，为了更客观地看待事物而将自己从具体情境中分离出来；移情则指从其他人世界观的角度进行观察。表达移情的行为动词有"像、开放、相信、考虑、想象、涉及、角色扮演"等。以人教版小学五年级"体育与健康"课程中的"营养单元"为例，处于理解"移情"层面的学生，要求"能够想象'如果一个人的日常饮食因为健康条件（例如糖尿病）受到限制，他（她）的生活将会受到怎样的影响'"。

（六）自知

自知指学习者展示元认知意识的智慧，即能够意识到自己的个人风格、思维偏见、思考习惯及对自身学习和理解的影响，能够正确地认识自我和进行自我监控与自我调节。表达自知的行为动词有"意识到、实现、认识、反馈、自我评估"等。以人教版小学五年级"体育与健康"课程中的"营养单元"为例，处于理解"自知"层面的学生，要求"能够自我评估'我自己的饮食习惯健康码'"。

四、逆向设计的三个阶段

UbD 模式旨在通过以终为始的"逆向设计"思维，改变教学设计的流程帮助教师在学校中能够快速精准地促使学生积极主动地参与探究活动，为学生提供学习迁移的情境与框架，使学生在掌握理解知识和技能的同时提升自己的理解能力和迁移能力。与传统的教学设计流程有所不同，"逆向设计"思想要求教师在明确了学习结果（即教学的目标）之后，接下来不是设计教学活动，而是要思考和明确教学的评估方案（即学生学习发生的证据是什么），然后再规划相关教学过程（学习活动）。UbD 模式逆向设计三阶段如图 8-1 所示。

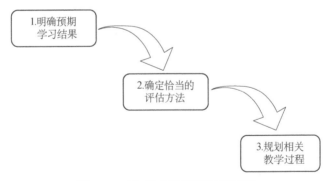

图 8-1　UbD 模式逆向设计三阶段①

（一）明确预期学习结果

预期结果是指那些经常提到的预期成果、成就目标或表现标准，这些术语都

① 〔美〕格兰特·威金斯，〔美〕杰伊·麦克泰格. 追求理解的教学设计[M]. 2 版. 闫寒冰，宋雪莲，赖平，译. 上海：华东师范大学出版社，2017：19.

是指将教学的重点从输入转向输出：学生在学习结束后，应该能够知道实践和理解的相关内容，并在表现和作品中加以体现，预期结果也提醒我们，如果反馈表明我们可能无法取得预期的效果，那么作为"教练"，教师必须调整自己正在进行的设计和做法。

在这一阶段，教师需要思考如下的问题：学生应该获得什么样的长期迁移目标？学生在获得重要理解后应明白什么样的意义？学生应思考哪些核心问题？学生应掌握哪些知识和技能？学生最终应达到什么样的最终目标或标准？

（二）确定恰当的评估方法

在这一阶段教师需要思考：教师如何知道学生已经达到了预期的结果？哪些证据能够证明学生的理解和掌握程度？逆向设计告诉我们要根据收集的评估证据（用以证实学习是否已完成）来思考单元或课程，而不是简单地根据要讲的内容或是一系列学习活动来思考单元和课程。这种方法鼓励教师和课程设计者在设计特定的单元和课程前，要像"评估员一样思考"，思考如何确定学生是否已经达到了预期的理解。

（三）规划相关教学过程

在头脑中有了清晰、明确的结果和关于理解的合适证据后，教师就该全面考虑最适合的教学活动了。在逆向设计的第三阶段，教师必须思考以下几个关键问题：如果学生要有效地开展学习并获得预期结果，他们需要哪些知识（事实、概念、原理）和技能（过程、步骤、策略）？哪些活动可以使学生获得所需知识和技能？根据表现性目标，教师需要教哪些内容，指导学生做什么，以及如何用最恰当的方式开展教学？要完成这些目标，哪些材料和资源是最合适的？

需要注意的是，教师只有在明确预期结果和评估证据，搞清楚它们意味着什么之后，才能真正做好教学计划的细节，包括教学方法、教学顺序以及资源材料的选择。教师需要时刻提醒自己：教学是达到目的的一种手段，一个清晰的目标能够帮助教师在设计教学活动时有所聚焦，并指导有目的的行为朝预期结果发展。为了指导教师围绕教学目标开展学习活动，威金斯和麦克泰格提出了学习活动设计的 WHERETO 框架。

1. W：学习方向（where）和原因（why）

教师需要思考的问题：我们的目标是什么？我们已有哪些基础？为什么要达到这个目标？学生需要具体履行的职责是什么？评估学生理解的指标是什么？

W 能够帮助教师澄清教学目标并使之合理化，还提醒教师要确保学生了解所学单元的目标以及原因。教师还要使学生能够清楚地知道预期表现，并牢记于心。这些预期表现将揭示学生的理解程度。随着单元教学的进展，学生需要不断澄清和明晰如下的问题："在单元结束后我必须理解哪些内容？如何界定理解？""我必须掌握哪些知识、技能、任务和问题，才能够帮助我达成理解的目标？""有哪些资源可以用来支持我的学习和表现？"等。在这个阶段，"K-W-L"教学策略是一个有效的选择。

2. H：吸引（hook）和保持（hold）

教师需要思考的问题：我如何激发学生的兴趣和好奇心？又如何维持学生的兴趣？如何吸引所有学生都参与到课程学习之中？

H 即从一开始就吸引学生，并保持他们的注意力。研究者指出，大多数的学术情境中，引发复杂理解的脑力劳动需要高度的自我约束、自我导向和延迟满足。然而，一些学生在学校中并不愿意（或并不总是期待）刻苦学习。因此，教师需要具有足够的能力来激发学生的思想、好奇心和学习动力。教师需要围绕激励性问题和挑战性问题来组织教学，被认为是促进学生持续参与的有效方法。

3. E：探索（explore）和体验（experience），准备（equip）和使能（enable）

教师需要思考的问题：如何促使学生参与到对复杂问题的探究之中？教师需要设计哪些学习活动来帮助学生完成最后的表现性任务？教师还需要设计哪些课外作业和体验活动确保学习目标的达成？

E 即要求学生通过体验来探究，进而达成理解的目标。要求教师为学生精心设计和准备充满挑战的探究体验活动，并为学生的探究提供相应的工具、资源及学习支架（脚手架）。

4. R：反思（reflect），重新考虑（rethink）与修改（revise）

教师需要思考的问题：如何引导学生重新考虑他们对重要概念的理解？学生

的作品和表现如何通过自我评价及反馈得到改进？如何鼓励学生反思他们的学习和表现？

追求理解的教学设计的首要前提是不断地回顾重要概念，不断地改进复杂表现，因此，单元和课程的进展必须是迭代的，学生必须充分认识到他们要根据当前所学不断重新思考和修改已有想法，要通过不断回溯最初的概念或理解来完成学习任务。因此，R 的作用在于为学生提供大量机会来重新思考重要概念，反思进展情况，并修改自己的设计工作。

5. E：评价（evaluate）工作及进展

教师需要思考的问题：如何引导学生进行自我评估、自我评价、自我调整？如何帮助学生对自己已经学习的内容、未来需要进一步探究和改进的部分作出判断？如何帮助学生设定未来的目标，设定新的学习方向。

理解六维度中的最后一个维度是自知，可以说它是追求终身学习所需要的最重要的因素。自知的核心是一种诚实的自我评估，基于我们对已经理解和尚未理解的内容、已经完成和尚未完成内容的逐步清晰的认识。生活中最成功的人不仅拥有这样的能力，而且他们已经学会了以最及时和最有效的方式这么做。他们根据需要进行自我监控和自我调整，他们积极思考哪些方法有效，哪些无效，哪些可能做得更好。因此，E 的作用在于为学生评估进展和自我评估提供机会。

6. T：量身定制（tailor）

教师需要思考的问题：我们如何采用不同的教学方法来适应多样化的学生发展需求、学习风格、先前知识和学习兴趣？我们如何为学生量身定制学习计划，以便最大限度地提升所有学生学习的参与度和有效性？

T 即要求教师更细致地观察和分析不同学习者的特点，相应地调整自己的教学设计，并为学生量身定制个性化的学习计划，以适应不同学习者群体的需求。

7. O：为最佳效果而组织（organize）

教师需要思考的问题：怎样的学习体验序列能够最好地发展和加深学生的理解？我们如何对教和学进行组织和排序，来最大化学生的参与度和课堂的有效性？

O 即要求教师学会合理组织上述这些元素，以发挥其最大功效，给学生带来最积极的参与感和最有效的体验。①

　　总而言之，与常规教学设计相比，逆向设计要求设计者在决定教什么和如何教之前必须思考如何开展评估，而不是在一个单元学习即将结束时才建构评估。逆向设计要求教师在设计一个单元或课程的时候，就要通过评估证据将内容标准或学习目标具体化。关于逆向设计的模板示例如表 8-1 所示②。

表 8-1　逆向设计模板示例

阶段 1——预期结果	
所确定的目标： ● 此设计将达到什么目标（例如内容标准、课程或项目目标、学习结果）	
理解： 学生将理解…… ● 大概念是什么？ ● 期望他们获得的特定理解是什么？ ● 可预见的误解是什么？	基本问题： ● 什么样的启发性问题能够促进探究、理解和学习迁移？
学生将会知道…… ● 作为本单元的学习结果，学生将会获得哪些关键知识和技能？ ● 习得这些知识和技能后，他们最终能够做什么？	学生将能够做到……
阶段 2——评估证据	
表现性任务： ● 学生通过哪些真实的表现性任务证明自己达到了预期的理解目标？ ● 通过什么标准判断理解成效？	其他证据： ● 学生通过哪些其他证据（例如：小测验、考试、问答题、观察、作业、日志）证明自己达到了预期结果？ ● 学生如何反馈和自评自己的学习？
阶段 3——学习计划	
学习活动： 哪些学习体验和教学能够使学生达到预期的结果？设计将如何体现以下要素： W=帮助学生知道此单元的学习方向和原因，帮助教师知道学生从哪开始（先前知识、兴趣） H=吸引学生并保持学生的注意力	
E=学生通过体验来探索；教师为学生设计和准确探索体验活动，并为其提供脚手架 R=提供机会让学生去反思自己的学习和表现，并对此进行重新考虑和修改 E=允许学生评价自己的工作和进展 T=为学生量身定制符合其需要、兴趣和能力的教学方法 O=教师合理组织教学元素，以发挥其最大功效，给学生带来最积极的参与感和最有效的体验	

　　① 〔美〕格兰特·威金斯，〔美〕杰伊·麦克泰格. 追求理解的教学设计[M]. 2 版. 闫寒冰，宋雪莲，赖平，译. 上海：华东师范大学出版社，2017：18-20，220-247.

　　② 〔美〕格兰特·威金斯，〔美〕杰伊·麦克泰格. 追求理解的教学设计[M]. 2 版. 闫寒冰，宋雪莲，赖平，译. 上海：华东师范大学出版社，2017：23.

拓展阅读 8-1：学历案设计中的"逆向设计"思想

学历案是关于学习经历或过程的方案，指教师在班级教学背景下，围绕一个具体的学习单位（主题、课文或单元），从期望"学会什么"出发，设计并展示"学生可以学会"的过程，以便学生自主建构或社会建构经验或知识的专业方案。它是由教师设计的、用于规范或引导学生学习的文本，是通向目标达成的脚手架。学历案记录着每一个学生学习过程中的表现，因此是一种学习的认知地图，是可重复使用的学习档案，是师生、生生、师师互动的载体，也是学业质量监测的依据。一份完整的学历案包括学习主题与课时、学习目标、评价任务、学习过程、检测与作业、学后反思 6 个要素（表 8-2）。

表 8-2　学历案的要素、关键问题与回答提示

要素与关键问题	回答提示
1. 主题与课时 在多少时间内学习什么？	1.1　内容：课文或主题或单元；来自何处？知识地位？ 1.2　时间：依据目标、教材、学情确定该内容的学习时间，如 1—6 课时
2. 学习目标 我清楚要学会什么？	2.1　依据：课程标准、教材、学情、资源等。 2.2　目标：3—5 条；可观察、可测评；指向学科核心素养；互相之间有关联；可分解成具体任务或指标；至少三分之二的学生能达成
3. 评价任务 我何以知道是否学会？	3.1　依据：视目标的数量、难度、关联、种类以及学情确定评价任务的数量与安排。 3.2　要求：包括情境、知识点、任务；能引出学生目标达成的表现证据
4. 学习过程 我如何分小步子学会？	4.1　资源与建议：达成目标的资源、路径、前备知识提示。 4.2　课前预习：定时间，有任务。 4.3　课中学习：呈现学习进阶（递进或拓展）；嵌入式评价任务；体现学生建构或社会建构的真实学习过程
5. 检测与作业 如何检测或巩固已学会的东西？	5.1　要求：包括课前、课中与课后作业，整体设计作业；数量适中；功能指向明确；体现知识的情境化（学以致用）。 5.2　功能：检测；巩固；提高
6. 学后反思 我可以反思与分享什么？	6.1　要求：引导学生梳理已学知识、梳理学习策略，管理与分享自己的知识。 6.2　求助：诊断自身问题，报告求助信息，便于获得支持

上述 6 个要素体现了以一个主题的学习为单元，以"何以学会"为中心，以形成性评价为导向，分解目标达成的过程，为学生的自主或有指导的学习提供了清晰的脚手架（图 8-2）。

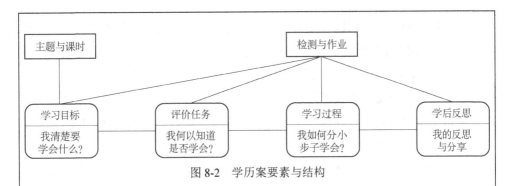

图 8-2　学历案要素与结构

　　在完成学习目标的设计之后，学历案的设计流程不同于教案的设计流程，它遵循的是一种"逆向设计"的路径，即"学习目标—评价任务—学习过程"。因此，在编写学历案时，教师首先思考的应该是学习目标，其次是怎样用评价任务来收集学习目标达成的证据，然后才是针对学习目标去设计教与学的活动，即学习过程。将评价任务的设计先于教学活动的设计，并与作业设计一同进行，这是为了更好地帮助教师理清目标达成的标准，正确区分学习任务与评价任务，使教学活动的安排更有针对性。唯有这样，才能保证"学-教-评"一致性的落实，充分发挥评价对学生学习的促进作用。[①]

第二节　支架式教学

一、认识学习支架及其作用

（一）学习支架

　　"支架"（scaffolding）原是建筑行业的术语，是建筑楼房时施予的暂时性支持。美国学者伍德（D. Wood）等采用建筑施工中脚手架的隐喻，提出了学习支架的概念，用以描述儿童在更有知识能帮助他们解决问题的人的支持下，如何完成他们不能独自完成的更复杂的任务。

　　学习支架（或脚手架）是学习科学领域关于"人是如何学习的"核心概念之

---

① 卢明，崔允漷. 教案的革命：基于课程标准的学历案[M]. 上海：华东师范大学出版社，2016：10-54.

一。维果斯基的最近发展区理论为学习支架提供了学理基础，他将学习支架描述为具有更多经验的人帮助学习者跨越最近发展区，从现有知识水平达到潜在水平。[1]学习支架的一个核心思想是学习者与更有知识的其他人（或人工智能）共同完成工作。学习支架不仅能使学习者完成自己独立不能完成的更复杂的任务，而且能帮助学习者从这些经验中学习。学习支架既可以由教师提供，也可以由家长、专家、学习伙伴及计算机软件提供。学习支架的类型非常多样，可以是范例、问题、提示、对话、建议、图表等，教师在教学中常用的学习任务单就是一类非常有效的综合性学习支架。当然，学习支架在学生学习的过程中并不是一直存在的，在学生获得相应的知识和能力后就需要将其撤除。

（二）学习支架的作用

1. 学习支架能够简化任务要素，以便学习者学会所学内容

根据伍德的相关研究，学习支架能够转变任务，以便学习者投入简化后对学习仍然具有价值的任务中，从而减轻学习者的认知负荷，使学习更加有效。

2. 学习支架能够管理学习过程

学习支架通过对学习过程的管理，使学习者能够在真实的问题情境中投入对学科知识要素的学习。尤其是当学习者不能够选择合适的学习策略时，及时恰当的策略指导能够帮助学生顺利、有效地开展问题解决，从而提升其学习能力。

3. 学习支架能够减少学习者的挫败感和学习风险

搭建学习支架的目的是帮助学习者积极参与问题解决的过程中，同时帮助学习者建构专业知识和自信心，最大限度地减少学习者在学习过程中的挫败感和风险，以便激发和保持学习者的学习兴趣。

4. 学习支架能够促进学习者的理解和反思

学习支架不仅能够帮助学生完成问题解决的过程，帮助学习者成功地获取所需答案，还能够促进学习者对所学内容的深度理解和反思。[2]

---

① 夏雪梅. 项目化学习的实施：学习素养视角下的中国建构[M]. 北京：教育科学出版社，2020：151-152.
② 〔美〕R. 基思·索耶. 剑桥学习科学手册[M]. 2 版. 徐晓东，杨刚，阮高峰，等，译. 北京：教育科学出版社，2021：44-50.

二、支架式教学概述

（一）什么是支架式教学

支架式教学是基于建构主义学习理论的一种以学生为中心的教学模式，支架式教学倡导学生的体验和参与，有助于转变教师和学生角色，促进学生合作探究学习能力，培养学生独立解决问题能力。

（二）"扶放有度"支架式教学框架

"扶放有度"支架式教学框架（the gradual release of responsibility instructional framework，GRR）由美国学者费希尔（D. Fisher）和弗雷（N. Frey）提出，其核心思想是："学生的学习是在与他人进行交互作用的过程中获得的，如果这些交互作用是预先设计过的，那么学生的学习就会有意想不到的收获。"[1]换言之，即教师的教学要从扶到放、先扶后放，逐渐地培养起学生的自主学习能力。"扶放有度"支架式教学框架包括以下四个方面的内容：教师示证、教师辅导、同伴协作和独立表现（图 8-3）。

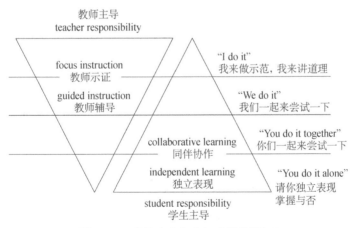

图 8-3　"扶放有度"支架式教学框架[2]

---

① 〔美〕道格拉斯·费希尔，〔美〕南希·弗雷. 扶放有度实施优质教学[M]. 徐佳燕，张强，译. 福州：福建教育出版社，2019：2.
② 〔美〕道格拉斯·费希尔，〔美〕南希·弗雷. 扶放有度实施优质教学[M]. 徐佳燕，张强，译. 福州：福建教育出版社，2019：3.

1. 教师示证

教师示证（focus instruction）是所有课堂教学设计中的一个重要部分。这一阶段包括制定一个明确的课堂"目的"，这里选择使用"目的"而没有用目标或学习目标，是因为这对于保证学生是否已经掌握了这堂课的相关性目标是很有必要的。对一堂课"目的"的描述包含了教学内容目标、语言目标及社会交往目标等多个层面的要求。在这一阶段，教师必须确保学生在课堂目标的引领下，以一种有意义的方式参与到学习中，同时能及时获得学习情况的反馈。除了制定目标之外，教师在这一阶段需要为学生示范或演示教学内容、学习策略、基本学习技能，为学生搭建更适合的思维与学习支架。教师示证通常面向的是全体学生，时间一般控制在 15 分钟以内——这些时间足够让学生明晰教学目的，并确保他们得到了进行后续学习的指导和示范。

2. 教师辅导

教师辅导（guided instruction）环节通常面对的是不同的学习小组。教师辅导阶段的一个关键特征就是教师与学生之间的对话是根据学习支架原则精心设计展开的。教师辅导是因材施教的最佳时机，教师可以根据学生的反馈情况，对教学内容、过程和结果等进行差异化调整。在辅导阶段，教师可以采用提出问题，给出提示，提供线索（包括视觉线索、口头线索、手势线索及环境线索等）等多种方式，为学生的学习提供支持和指导。当然，仅仅通过一次教师辅导并不能使所有学生都掌握所学的内容知识，或是习得所缺乏的技能。但是通过一系列有针对性的教师辅导，却是可以达成上述目标的。因此，教师辅导是通过建立更高的期望以及提供更适合的学习支架和学习支持，使学生能够达成自己的目标，从而更上一层楼。

3. 同伴协作

同伴协作（collaborative learning）即学生与同伴进行协商，彼此讨论不同的想法与意见，共同参与到探究中。这一阶段给予学生运用在教师示证和教师辅导过程中所习得知识的机会，真正做到学以致用。因此，同伴协作是帮助学生在新情境中应用之前所学知识、将新旧知识进行联系和融会贯通的最佳时机。同伴协作的情境有助于学生进行深度思考，这自然也为进一步的探究提供了契机，促使学生更积极地参与到同伴讨论的学习内容中。因此，对于成功实施"扶放有度"

支架式教学框架而言，同伴协作至关重要。

4. 独立表现

独立表现（independent learning）阶段可以说是整个"扶放有度"支架式教学框架中学生展现自己表达技巧和思维方式的最佳阶段。通过独立表现阶段的学习，可以促使学生在特定的情境中独立运用他们所掌握的信息、观点、内容、技能和策略来解决真实问题，进而将学生培养成不依赖他人、有独立表现能力、对信息有个人见解、对资料有筛选能力、不会人云亦云的独立学习者。

当学生在新的情境中基本上可以运用所学知识和技能来解决问题、产生新成果的时候，教师就可以为学生布置一系列独立任务。在这一阶段，教师所布置的独立表现任务不能只是那些学生毫不费力就能完成的低水平作业，而应该布置需要学生利用已掌握的知识去解决新情境中具有一定难度和挑战性的问题与任务。已有研究表明，教师布置的任务越接近学生的实际水平和真实情境，学生就越有可能完成它。因此，任务的设计至关重要，任务不仅要与每个学生所接受的教育水平密切相关，还要为学生提供新的途径去应用新知。当然，独立表现的切实有效性和先决条件则取决于学生是否乐意参与其中。[①]

第三节　项目式学习

一、项目式学习的概念

项目式学习（project-based learning，PBL），在国内有多种翻译名称，比如"项目学习""基于项目的学习""项目化学习"等。项目式学习的思想可以追溯到一百多年前教育学家和哲学家杜威的教育理论。杜威认为，如果学生参与到模仿现实世界中的专家所做的真实的、有意义的任务与问题中，那么学生将会对学习材料产生自己的理解。

美国巴克教育研究所从课程标准的角度将项目式学习定义为一套系统的教学

---

① 〔美〕道格拉斯·费希尔，〔美〕南希·弗雷. 扶放有度实施优质教学[M]. 徐佳燕，张强，译. 福州：福建教育出版社，2019：1-8.

方法，它是对复杂、真实问题的探究过程，也是精心设计项目作品、规划和实施项目任务的过程。在这个过程中，学生能够掌握所需的知识和技能。项目式学习的"项目"，既可以是1—2周的班级内单学科小项目，也可以是长达1年的跨学科大项目，这些大项目可能需要社区和校外成年人的参与①；夏雪梅从学习素养的视角出发，将其定义为学生在一段时间内对与学科或跨学科有关的驱动性问题进行深入持续的探索，在调动所有知识、能力、品质等创造性地解决新问题和形成公开成果中，形成对核心知识和学习历程的深刻理解，并能够在新情境中进行迁移②。

总之，项目式学习一改传统教学仅仅注重落实教材中的知识点的做法，整合了知识与知识、学生与知识、学生与学生、学生与教师等多种关系，聚焦核心知识设计出能激发学生学习兴趣的驱动性问题，围绕问题持续深入探索，最终在富有创造性的问题解决过程中形成有价值、有意义的产品。③

二、项目式学习的学习科学理论基础

（一）积极建构

学习科学研究发现，当学习者根据自己的经验与外界交流、积极建构意义时，深层次的理解就发生了。理解的发展是一个持续不断的过程，需要学生从新的经历和概念中建构、从先前知识和经历中重构。教师和学习材料是不能将知识直接传递给学习者的；相反，学习者只有通过探究周围的世界、观察现象并与其进行交互、接受新概念、在新旧概念之间建立联系、同他人进行讨论和交互，才能积极地建构知识。当学生花一定的时间致力于完成一个需要他们综合各种知识、技能的有意义的任务时，深层次的理解就发生了。

（二）情境学习

学习科学研究表明，真实情境中发生的学习最有效。情境学习需要学生通过

---

① （美）巴克教育研究所. 项目学习教师指南——21世纪的中学教学法[M]. 2版. 任伟，译. 北京：教育科学出版社，2008：4.

② 夏雪梅. 项目化学习设计：学习素养视角下的国际与本土实践[M]. 北京：教育科学出版社，2021：10.

③ 夏雪梅，崔春华，吴宇玉. 预见"新学习"[M]. 上海：华东师范大学出版社，2022：3.

参与各种各样的科学实践体验，像科学家一样设计调查、做出解释、建构模型和表达观点。情境学习的一个益处是，学生能够更方便地看到自己正在执行的任务和活动的价值与意义。当学生在有意义的情境中获得信息，并把这些信息与他们的先前知识和经验联系起来时，他们就能在新知识与先前知识之间建立联系，从而发展出更好、更广泛以及更有关联性的概念理解。

（三）社会交互

学习科学研究最可靠的发现之一就是社会交互在学习中起到的重要作用。科学研究表明，最好的学习结果通常源自某种特别的社会交互：教师、学生以及共同体成员在共同的情境性活动中建构共识，学习者通过分享、应用、辩论等形式发展对学科的理解能力。

（四）认知工具

学习科学研究表明了认知工具在学习中的重要作用。学习技术作为认知工具，可以在项目学习过程中通过以下方式支持学生的学习：①获取与收集一系列的科学数据和信息；②提供与科学家使用的相似的可视化数据分析工具；③在不同的网站之间收集和分享信息；④设计、创建和检验模型；⑤制作多媒体文件，方便学生表达他们的理解；⑥提供与他人交互、分享以及辩论观点的机会。

三、项目式学习的价值和作用

项目式学习是一种基于建构主义理论的情境式学习方式。当学生通过理解概念并将所学知识运用于真实情境中积极地建构理解时，他们能够加深对学习材料的理解。学习科学研究表明，学生如果没有参与到学科实践中，将无法学习学科内容。同时，如果没有学习学科内容，他们也将无法进行科学实践，这就是情境学习的基本前提。因此，项目式学习对学生来说最重要的是——他们能够像数学家、经济学家、作家以及历史学家一样参与到真实且有意义的问题当中。项目式学习允许学生去调查问题、提出假设、解释或论证自己的观点、挑战他人的观点并且试验新想法。已有研究表明，相比于传统课堂，项目式学习的课堂中学生会获得更好的学习结果。

四、项目式学习的课程样态

按照项目式学习所覆盖的知识范围大小、对学校课程的影响程度，可以将项目式学习划分为不同的课程样态。从小到大分别为微项目式学习、学科项目式学习、跨学科项目式学习和超学科项目式学习（图8-4）。微项目式学习主要是在课堂中进行，学科项目式学习既可以理解为一种学习的方式，也可以作为一种学科课程的单元重构方式。跨学科项目式学习会涉及学校课程的部分结构性变化，超学科项目式学习则需要学校课程结构的整体性重构。

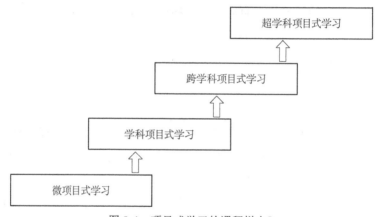

图8-4 项目式学习的课程样态[①]

1. 微项目式学习

微项目式学习是指在课堂中为学生提供的15—20分钟长时段的探索性项目任务，或者在课外用类似实践性作业的形式对某个内容或主题进行小探索。微项目式学习的核心价值取向和设计思路与学科、跨学科项目式学习是一样的，只是在一节课中很难进行完整设计，通常只取其中的驱动性问题、探究性实践、社会性实践这几个要素，属于以学习为中心的课堂变革范畴。

2. 学科项目式学习

学科项目式学习主要是以学科内的关键概念或能力为载体，指向学科的本质。可能在此过程中涉及其他学科，也会运用其他学科的知识作为支撑，但是，从核心知识的提出到挑战性问题的解决，以及最后成果和评价的指向，都是学科

---

① 夏雪梅. 项目化学习设计：学习素养视角下的国际与本土实践[M]. 北京：教育科学出版社，2021：18.

的关键问题，体现对学科的本质性理解。学科项目式学习的载体是学科，但是在此过程中，学生还要进行合作性的探究和问题解决，同时培养跨学科的素养，如创造性、批判性、合作与沟通等。

3. 跨学科项目式学习

跨学科项目式学习是以不同学科的关键概念或能力为载体，指向真实世界中的问题解决。它通常需要整合不同学科的知识和能力，共同指向真实情境中的问题探索与解决，体现对不同学科领域的知识的整体性理解。跨学科的教学与学习使教师和学生能够以整合的方式在学各学科之间建立联系，形成跨学科理解。也正因为如此，跨学科项目式学习比学科项目式学习对教师和学校的挑战更大。这种挑战不仅涉及学科观念的差异，还涉及各学科间的关系、资源的协调等。

4. 超学科项目式学习

超学科项目式学习是建立起一套超越具体学科的概念体系，如结构与功能、形式、因果关系等。围绕这套概念体系进行的项目式学习设计，没有明确的学科界限和学科课程标准，旨在促成学生对整个主题和超越学科的核心概念理解。在教师日常的教学中，超学科项目式学习设计使用得不太多。从当前项目式学习实施的实践来看，在以分科制为主的教育情境中，如果过早进入跨学科、超学科项目式学习的设计，大部分教师在短时期内往往难以适应，因此目前项目式学习仍然处于小范围探索和尝试阶段。①

五、项目式学习的关键特征

项目式学习具有如下关键特征。

（一）具有能引导教学的驱动性问题

项目式学习的标志性特征就是具有能引导教学的驱动性问题。驱动性问题应扎根于真实世界中的情境，是对学习者而言有意义且重要的问题（例如，"为什么野生动物的种类越来越少了""成吉思汗的继承人窝阔台，当初如果没有死，

---

① 夏雪梅. 项目化学习设计：学习素养视角下的国际与本土实践[M]. 北京：教育科学出版社，2021：17-19.

欧洲会发生什么变化？试从经济、政治、社会三方面分析"）①。驱动性问题被用来组织并推动项目活动，提供一种情境，以便学生可以探究学习目标并根据目标进行科学实践，使得整个项目活动连贯、一致。学生在寻求解决驱动性问题方案的过程中，加深了对学科核心概念的综合理解。好的驱动性问题能引发学生的学习欲望，使学生认识到有一个重要的问题真正需要去解决。在整个项目实施过程中，教师需要持续性地回顾驱动性问题，从而把学生在参与项目过程中所探索的各种观点联系起来。

好的驱动性问题具有如下特征：①可行性，即学生能够通过设计并执行研究方案来解决问题；②价值性，即包含丰富的学科内容，符合重要的学习目标；③情境性，即具有真实且非常重要的情境；④意义性，即所要探究的问题对学习者来说是有趣且令人兴奋的；⑤伦理性，即所要探究的问题不能给个人、集体或环境带来危害。

（二）关注学习目标

教师要围绕学科的学习目标选择学科的核心概念，核心概念的选择主要遵循两个标准：一是核心概念必须具有解释能力；二是核心概念对未来学习非常必要，学生需要借助核心概念来理解相关主题。另外，教师还需要保证学生能够在学习活动中理解和掌握学科的核心概念与原理。

（三）合作探究

项目式学习中的合作探究是学生在教师支持下共同解决问题的过程。项目式学习为学生、教师以及社会中的成员提供了与他人合作探究问题与观点的机会。好的合作探究会同时指向两个维度：一是社会性维度，即要保证所有成员平等共享地参与，同时提升他们沟通、交流、协作的能力；二是探究性维度，保证每一个成员都能够获得认知上的成长，同时提升其提出问题、分析和解决问题的能力。

需要指出的是，合作探究与通常人们所理解的"分工做"是不一样的，它不

---

① 夏雪梅. 项目化学习设计：学习素养视角下的国际与本土实践[M]. 北京：教育科学出版社，2021：55-57.

仅仅让大家各自做好应做的事情，更带有智力上的共同分享探索与相互激发。从学习的意义上看，它与日常课堂中的小组学习有相同点（表 8-3），同时具有真实世界中的专业领域的团队特点，对学生更具挑战性。[①]

表 8-3 项目式学习中的合作探究与日常课堂中的小组学习的区别

比较项		项目式学习中的合作探究	日常课堂中的小组学习
不同点	目的	● 完成项目 ● 形成共同的成果	● 解决某个小问题，交流观点 ● 不一定产生结果
	时间	入项到出项需要几天、几周，甚至几个月	课堂中的某个片段，一般几分钟
	团队性质	具有专业领域的团队特点，像科学家、工程师一样合作项目，经历项目管理、分工、讨论与讨辩、产生成果等过程	学习伙伴关系
	合作伙伴	● 2—4 人小组 ● 全班的项目小组 ● 跨班级、年级的项目组 ● 跨学校、国家的项目组	● 同桌 ● 4 人小组
相同点		● 智力上的平等 ● 情感上的互赖 ● 通过深入交流达到超越个体学习的成效	

（四）使用技术工具来支持学习和探究

当前几乎所有项目式学习都离不开互联网、大数据、虚拟/增强现实、人工智能等信息技术环境及技术工具的支持。技术工具作为学习工具可以促使课堂转变为一种学习者积极建构知识的环境。学生利用学习技术可以接触到互联网上真实的科学数据，通过网络与他人协作、收集数据、为数据绘制图表并分析数据、创建模型、共享并搜索信息、制作多媒体作品。学习技术不仅帮助学生拓宽了课堂视野，还是促进教师探索以及促进学生学习的强有力的认知工具。

（五）创建项目成果

项目式学习与其他探究类学习方式的一个重要区别就在于，项目式学习需要产生可见的公开成果，需要通过显性的项目成果看到学生的学习过程。学习科学研究表明，学生在创造项目成果的时候学习效果更好，因为项目成果是知识建构

---

① 夏雪梅. 项目化学习的实施：学习素养视角下的中国建构[M]. 北京：教育科学出版社，2020：163-167.

的外在表现。学生创造的项目成果包括实体模型、计算机模型、报告、记录研究过程的视频、游戏、戏剧、网站以及计算机程序等。项目成果要能体现驱动性问题，支持学生发展与学习目标相关的理解，并且展现学生对学习目标的理解。

教师可以通过了解学生创造的项目成果评估学生更高水平的认知能力，如提出问题、设计调查方案、收集并处理数据以及作出科学解释的能力。教师还可以为学生的项目成果提供反馈，并允许学生对自己的成果进行反思、修正。[①]

拓展阅读 8-2：优秀的项目式学习所具有的共同特征

美国巴克教育研究所指出，优秀的项目式学习应该具有如下的关键特征：

1）在学习过程中以学生为中心，发掘学生对学习的内在渴求，承认他们有能力做好重要的事情，理解他们希望被认可的需要。

2）使学生参与到某学科的核心概念与原理的学习中，项目活动不是常规课程的附属品，它本身就是教学的中心。

3）经过高度精练的驱动性问题能够激发学生兴趣，引导学生对真实且重要的专题进行探究。

4）在学习、自我管理和项目管理过程中，学生能够应用科技手段和其他关键的工具与技能。

5）有对项目作品的详细说明，项目作品可能具有以下作用：能解决项目问题；能对项目中进退两难的困惑作出解释；或者可以呈现调查、研究和推理所产生的信息。

6）包含多样化的项目作品，可以对这些作品进行反复回馈，并为学生从体验中学习提供机会。

7）采用表现性评价的方法对学生进行评价，提出对学生们的期望，呈现艰苦的挑战，要求学生掌握一系列的技能和知识。

8）鼓励学生以某种形式互相协作，可以是分成小组、由学生组织的项目展示与演说，也可以是全班对项目成果的评估。[②]

---

① 〔美〕R. 基思·索耶. 剑桥学习科学手册[M]. 2 版. 徐晓东，杨刚，阮高峰，等，译. 北京：教育科学出版社，2021：275-300.

② 〔美〕巴克教育研究所. 项目学习教师指南——21 世纪的中学教学法[M]. 2 版. 任伟，译. 北京：教育科学出版社，2008：5.

六、项目式学习的实施

巴克教育研究所提出了项目式学习设计与实施的五个关键步骤。

（一）以终为始——启动阶段

项目式学习的设计和实施通常情况下会采用维金斯等提出的逆向设计的方式，采用"以终为始"的设计思路，即成功的项目式学习应从一开始就对项目最终的结果作出规划。

在项目的启动阶段教师需要思考并规划出有吸引力的项目主题、与项目相对应的课程标准，以及项目的最终成果。启动阶段包括六个步骤——寻找项目选题、确定项目范围、选择课程标准、统合项目式学习的目标、确立项目的设计标准以及创设理想的学习环境。

（二）设计驱动性问题

在这一阶段，教师需要从项目的主题和课程标准中提炼出重要且富有意义的驱动性问题，以吸引学生参与到项目中，并且在整个项目中积极地投入。巴克教育研究所强调，好的驱动性问题能够引起学生对项目的好奇心，使项目更加复杂并且具有挑战性。驱动性问题就像"灯塔"一样激励着学生的兴趣，指引学生向项目目标努力。教师在设计驱动性问题时，需要考虑该问题能否激起学生的兴趣，是否具有开放性和挑战性，以及目标是否指向课程的核心内容等。[①]

（三）规划项目评价

项目式学习的评价与传统的评价相比更具有多样性，因为项目式学习关注学生从学习活动中获得的知识、技能与思维方法。因此，教师在对学生的表现作出评价时，既要评价学生最终的成果，也要评价学生在学习活动过程中建构的新知识和问题解决方法，即要对学生做出总结性和过程性评价。

教师在制定科学有效的评价设计时，要重点考虑三个方面：第一，要评价学

---

① 〔美〕巴克教育研究所. 项目学习教师指南——21 世纪的中学教学法[M]. 2 版. 任伟，译. 北京：教育科学出版社，2008：44-46.

生对知识和技能的掌握情况以及他们在活动过程中是如何运用这些知识和技能的；第二，要明确评价内容，让学生清楚需要学习的内容；第三，制定评价表，目的是有效测量学生的学习表现。

（四）规划项目过程

就像教师准备教案设计一样，规划整个项目的过程对项目式学习活动起到了指引和支撑作用。这个阶段也有三个关键点需要思考：第一，教师要把整个项目分解成一系列的任务。这样做的好处是方便教师对学生表现作出具体评价，有利于教师分配项目活动时间，也能够让教师清楚需要为学生提供哪些资料。第二，为吸引学生参与项目并激发他们思考，教师可以在启动项目时设计一些有趣的活动，如课堂讨论、嘉宾讲座、问题讨论等。第三，教师要提前计划好为学生准备的资源，包括图书、互联网、完成作品所需的物品、工具等。

（五）管理项目过程

教师在这一阶段的重点是管理和评价。为了顺利开展项目式学习，教师需要留意四个关键步骤：第一，将项目目标分享给学生，让他们理解参与项目的意义；第二，让学生使用一些工具以便顺利完成项目，如让学生列出要解决问题的清单，或是用日志来记录他们的活动进展；第三，设计检查点来关注学生的活动进展；第四，在项目结束时，预留足够多的时间对项目进行总结，并让学生讨论、反思和评估自己的项目。①

拓展阅读 8-3：项目式学习实施案例

《上海市义务教育项目化学习三年行动计划（2020—2022年）》优秀案例之"玩具再生"如下。

一、案例背景

2020年10月，上海市教育委员会印发了《上海市义务教育项目化学习三年行动计划（2020—2022年）》，旨在培养学生创造性问题解决能力，以项目式

---

① 尚俊杰. 学习科学导论[M]. 北京：北京大学出版社，2023：256-257.

学习实践为着力点，促进义务教育学校教育教学方式改革。①本案例是上海市项目式学习三年行动计划的阶段性成果中的九个优秀案例之一。②

上海实施项目式学习主要有三种类型：一是活动项目式学习。即在学校的综合实践活动、劳动教育等各类活动中融入项目化学习要素，引导学生观察生活，提出问题，培育学生创造性思考和灵活解决问题的能力。二是学科项目式学习。是基于课程标准，设计与学科核心知识相关的驱动性问题，引导学生在学科学习中自主或合作探索，激励学生深度理解学科核心知识、提升学科能力、培育学科素养。三是跨学科项目式学习。是指基于课程标准，整合不同学科的知识和方法，加大跨学科项目的实践和研究，建立各学科之间的有机联系，以系统的思维解决真实问题。本案例属于第三种类型，即跨学科项目式学习。③

二、案例基本信息④

"玩具再生"是面向七年级学生的跨学科项目式学习。它以科学学科为主，融合了道德与法治、美术、劳动技术等学科的学科素养，在为小伙伴改造或修缮儿时玩具并使其充分发挥价值的过程中，为学习者的问题解决提供必要的知识和技能。本项目在设计过程中参考应用了设计思维的方法论体系，鼓励学生以"玩具工程师"的角色来思考、解决问题，与用户产生共情，实现学习者知识、能力和态度的整合。"玩具再生"项目式学习案例基本信息如表8-4所示。

表 8-4　"玩具再生"项目式学习案例基本信息

	课程类型	年级	课时数
课程类型 及课时数	科学	七年级	17（含6课时探究）
	美术	七年级	2
	道德与法治	七年级	1
	劳动技术	七年级	2

---

① 上海市教育委员会. 2020-10-12. 上海市义务教育项目化学习三年行动计划（2020—2022）[R/OL]. http://edu.sh.gov.cn/xxgk_ghjh_zxgzjh/20200925/1c51f3cbef1346698620f9152726c86b.html[2021-05-27].

② 夏雪梅，崔春华，吴宇玉. 预见"新学习"[M]. 上海：华东师范大学出版社，2022：172.

③ 夏雪梅，崔春华，吴宇玉. 预见"新学习"[M]. 上海：华东师范大学出版社，2022：2-3.

④ 夏雪梅，崔春华，吴宇玉. 预见"新学习"[M]. 上海：华东师范大学出版社，2022：172-191.

	续表
所属学校	上海市某中学
设计者	陈老师，寇老师
实施者	陈老师，寇老师

三、项目设计

（一）项目目标

1. 跨学科核心概念

理解资源再生对可持续发展的意义。

2. 知识与能力目标

1）科学：了解生活中常见金属、塑料和复合材料等材料的特性，推断其用途；体会材料的开发应用与科技、生活发展的关系；了解合理利用自然资源的一些对策；知道可持续发展的含义，了解可持续发展对个人的要求。

2）劳动技术：初步学会绘制作品样图，能根据需求选择合适的材料和技法；学会使用常用工具实现材料之间的连接；知道电路的常见故障，学会用试电笔等工具检测电路排除故障。

3）道德与法治：能用正确的方式与他人进行交往和沟通；学会换位思考，学会理解、宽容和尊重。

4）美术：采用各种材料和制作方法，进行创意设计和工艺制作；能用创新手法进行海报设计及美化；能绘制产品设计图，形成初步的设计意识。

3. 高阶认知

1）问题解决：对如何修复旧玩具或增加玩具功能想出新点子，能对其可行性进行论证，确认创意的可操作性。

2）决策：能分清不同方案的优缺点，根据现有情况作出合适的选择。

3）系统分析：能对项目中各个部分，如委托人、玩具、目前情况、团队，以及其间的交互作用进行分析和梳理，理解依赖关系。

4. 学习素养

1）探究性实践：发现废弃玩具普遍存在的处置问题，能提出问题的解决方案，经历玩具改造的全过程，最终呈现玩具改造成果。

2）社会性实践：能与委托人产生共情，学会换位思考，在实践中遇到困难能主动寻求帮助并给予恰当的反馈。

3）技术性实践：能选择合适的工具实现玩具的改造。

（二）挑战性问题

1. 本质问题

如何实现闲置物品的新价值？

2. 驱动性问题

同学们发现进入中学后，儿时把玩的各种玩具正逐渐被闲置。有的玩具成为垃圾，有的转赠给别人，还有的正静静地躺在家里的某个角落等待被处理……作为玩具工程师的你，将如何为身边的小伙伴维修、改造一款闲置玩具，使这些玩具重新发挥它的价值呢？

四、项目实施

（一）前期准备

1. 角色扮演：玩具去向调查员

每个同学都拥有许多儿时玩具，但它们都去了哪里呢？这个环节同学们需要在家里进行一次正式调查，从而了解这些玩具的具体去向。通过调查，同学们发现只有近10%的玩具还保留在身边，其他有近70%的玩具被当成垃圾丢弃，只有不到0.5%的玩具被变废为宝。购买玩具的费用支出在家庭支出中占比不小，如何让儿时的玩具再次获得新生呢？这个颇具挑战性的问题，牢牢地吸引住了这群七年级同学。

2. 角色扮演：玩具改造委托人

前期准备的第二项任务是要同学们化身为"玩具改造委托人"，准备一件闲置玩具并对这款玩具的具体玩法、价值意义、目前存在的问题以及改造意愿进行一一阐述，这些信息会用于"入项"事件"寻找玩具委托人"的活动中。

（二）入项

1. 入项前测

入项前测涵盖科学学科"能与能源"章节中常见能的转化和能的转化器、"地球矿物和材料"章节中矿物资源、材料等学科知识。测试后发现，就目前而言，同学们并没有真正地把生活与学习联系起来，只要脱离了教材上的举例，错误就会不断显现。面对"材料"等还未学习的新知，**92%**的同学无法凭生活经验来回答。学生比较适应传统的学习方法，缺乏应对灵活题型的能力，要改变这个现状就需要在真实生活场景中建立与知识之间的联系。

2. 入项活动

教师选择了电影《玩具总动员》片段，引导学生展开讨论。进而顺势引出项目的驱动性问题——作为玩具工程师的你，会如何为身边的小伙伴维修、改造一款闲置玩具，使这些玩具重新发挥它的价值？

3. 打造玩具自选超市，组建合作团队

挑选玩具前同学们经历了自由洽谈、初建团队、部分调整等步骤，最终组建成 3—4 人协作的玩具工程师团队。

4. 整理问题解决思路

初步建立起供求关系后，玩具工程师们需要做什么呢？

教师引导学生对"接下来做什么？怎么做？为什么要这么做？"进行充分的讨论，各个小组把能预想到的问题和步骤都提了出来，再用思维导图进行分类整理，通过大家的共同努力，原本零散的问题都被一一归类，最后形成了一份"玩具再生"实施计划（表 8-5）。入项环节后，为了帮助同学们更好地理解计划的重要性，老师请大家进行了集体反思，同学们觉得做计划的过程最难。

表 8-5 "玩具再生"实施计划

被归类的问题	关键步骤	关键问题
这件玩具的主人是怎样的？ 他为什么选择这个玩具？ 他对玩具改造的需求是什么？	了解玩具委托人的需求	子问题 1：委托人为什么要改造这个玩具？
这个玩具由哪些材料构成？ 这个玩具有哪些功能？ 怎样才能实现再生？ 如何添加电路？	了解玩具现状 学习更多改造知识	子问题 2：这个玩具有什么特点？
网上有"玩具再生"案例吗？ 有什么可以参考的？	调查成功案例	子问题 3：我们能从成熟的解决方案中提取哪些有用的信息？
听谁的？ 怎么改？ 设计图怎么画？	选择最佳方案，画设计图，听取用户意见	子问题 4：我们最终采用的再生方案是什么？

续表

被归类的问题	关键步骤	关键问题
我们是做模型还是做产品？ 如果需要焊接，我不会怎么办？ 要自己花钱，买材料吗？	制作模型或者制作成品	子问题5：我们是如何实现"玩具再生"的？
客户不满意怎么办？ 我们怎么展现出来呢？ 要解说词吗？	修改成果，搭建展台	子问题6：如何让委托人认同我们的成果？

（三）知识能力建构

1. 子问题1：委托人为什么要改造这个玩具？

1）实施步骤：访谈玩具委托人，了解其兴趣爱好、与玩具的故事和改造需求。

2）涉及的知识和技能：能用正确的方式与他人进行交往和沟通；共情能力、沟通交流能力。

3）提供的学习支架：优点卡、模拟访谈、用户画像。

2. 子问题2：这个玩具有什么特点？

1）实施步骤：学习必备的学科新知，完成区分玩具性能与构成材质的任务。

2）涉及的知识与技能：认识玩具材料，分析材料的来源以及废弃材料带来的问题；阅读分享、信息提取。

3）提供的学习支架：玩具材料分析表、阅读分享表。

3. 子问题3：我们能从成熟的解决方案中提取哪些有用的信息？

1）实施步骤：广泛搜寻各方信息，结合自身任务特点，提取能为己所用的相关要素。

2）涉及的知识和技能：资料收集、分析提炼。

3）提供的学习支架：搜集相关案例视频和文案、信息梳理表。

4. 子问题4：我们最终采用的再生方案是什么？

1）实施步骤：收集奇思妙想、确定设计方案、绘制设计草图。

2）涉及的知识和技能：绘制标准设计图、撰写方案。

3）提供的学习支架：头脑风暴法，议事规则。

5. 子问题5：我们是如何实现"玩具再生"的？

1）实施步骤：选择合适的材料和工具，学习制作技能，完成产品制作。

2）涉及的知识和技能：玩具材料的选择和裁剪、电动材料的安装、工具的合理使用。

3）提供的学习支架：劳动工具和材料。

6. 子问题6：如何让委托人认同我们的成果？

1）实施步骤：进行产品测试，听取意见修改完善；准备成果发布会，做好汇报准备。

2）涉及的知识和技能：海报的绘制和展示柜台的布置。

3）提供的学习支架：意见征集表。

（四）出项

各小组已经为产品发布会做好了充分的准备。产品发布发布会一共分成三场：专家评议、用户评议和观众评议。

（五）反思与迁移

在反思环节中，同学们运用了反思清单来帮助小组共同回顾整个项目学习的历程。大家还对设计制作、用户沟通环节进行重点反思，发现评价高的项目大多与委托人联系紧密，每个步骤都有委托人参与决策或者得到认可后再实施。这让同学们领悟到项目的主旨是为小伙伴进行玩具再生，自己的想法要获得玩具主人的认可才行。

第四节　以脑为导向的教学模式

一、以脑为导向教学模式所基于的学习科学原理

以脑为导向教学模式（brain-targeted teaching，BTT）的提出者为美国学者玛丽亚·哈迪曼。该模式是基于神经和认知科学领域的研究而设计的，为教师提供了一个完整的构架，可以帮助教师理解来自神经和认知科学的研究成果，并帮助教师科学地计划、执行和评估教学程序。哈迪曼认为BTT是一种有效的计划

教学的方式，在某种程度上 BTT 模式的设计深受马扎诺的学习维度理论、加德纳（H. Gardner）的多元智能理论和布卢姆教学目标分类理论的影响。该模式包括相互关联的六个组成部分，其设计基于神经和认知科学关于"人是如何学习的"基本原理（表 8-6）①，最终目标是使学生能够创造性运用知识解决问题。

表 8-6　"以脑为导向教学模式"的六个组成部分

脑-目标	脑-目标内容	神经和认知科学原理
1	学习营造情绪氛围	认知和情绪之间存在着复杂的相互作用关系，将情绪和学习过程分开是不可能的
2	为学习打造良好的物理环境	（1）注意是学习的入口。调整注意力到相关任务上的能力几乎影响着学习过程的方方面面，需要意志努力的注意控制从幼年便开始发展一直持续到青少年时期。当被试接受了特定的、要求注意控制的训练任务后，注意过程的神经活动模式发生了变化，注意力在行为测量上也得到了增强。 （2）运动与学习密切相关，学习科学研究揭示了运动和锻炼不仅仅能产生让我们心情愉悦的化学物质，而且深刻影响着个体认知发展的许多方面
3	设计学习体验	（1）学习科学的研究表明，知识不仅仅是一系列事实和公式的累积，知识更应该围绕着核心概念或者重要概念被组织在一起，最终形成思维。 （2）学习科学通过信息加工的观念探讨我们的认知过程——如何在各种感觉输入中创造意义和发现关联
4	教授掌握内容、技能和概念	（1）学习和记忆如影随形，二者紧密相连，认知心理学的信息加工模型是我们理解学习和记忆的基础框架。 （2）神经元是学习和记忆的神经生物学基础。 （3）学习科学的研究证明，在教学环境中艺术参与能够给学习带来重要的积极效应。将艺术融合到教学中可能使信息得到更长时间的保持，并且使我们拥有更稳健的心理习惯与迁移学习的能力
5	教授知识的扩展和应用	学习科学研究表明，相较于传统的依赖死记硬背的学习，当人们更多地参与到创造性、自主性的学习活动中时，大脑信息加工过程会发生积极的变化
6	评估学习	学习科学研究表明，反馈是提高学习和记忆的有力工具。评估提供的反馈能够告诉和激励学生，并以独特的方式增强他们对内容的记忆

二、以脑为导向教学模式的组成及应用

（一）脑-目标 1：学习营造情绪氛围

以脑为导向的教学模式的第一个目标，首先需从探索情绪与学习的相互关系开始。近年来，神经与脑科学越来越多地关注情绪领域，并且有所建树。理解各

---

① 〔美〕玛丽亚·哈迪曼. 脑科学与课堂：以脑为导向的教学模式[M]. 杨志，王培培，等，译. 上海：华东师范大学出版社，2018：前言.

种积极或者消极情绪的产生与唤起，理解它们在注意、记忆、高级思维过程中的影响，将是教育者们要上的重要一课。当前的研究已经证明了压力对于学习的消极影响，其影响会作用于我们一生的学习过程。而积极的情绪也同样被证明能提升我们的学习成绩。这些研究所传递的教学指导策略就是营造积极的、快乐的、有目的的学习氛围。教师可以通过积极的语言、有趣的课堂日常规程仪式、幽默、正念训练等方式为学生创造良好的情绪氛围。

（二）脑-目标 2：为学习打造良好的物理环境

就像课堂中的情感氛围能够改造学习过程，学习的物理环境中的一些特征能吸引学生对课堂的兴趣，为他们提供舒适感和归属感，最终会影响他们在学习中的注意和参与感。教师在开展教学设计时，应该有意识地规划物理环境，可以通过调换座位、改变照明、气味、将学生带入大自然等方法来改善环境、运用环境。

（三）脑-目标 3：设计学习体验

这一部分的重点是设计学习单元，即教学路线图。认知科学告诉我们知识是通过整体的理解和宏观的概念去组织的。因此，该模式设计的学习体验使用了视觉表征的方式，其目的是从整体上展示新的学习内容与以前的知识如何衔接、活动安排如何达成学习目标，以及评估是如何设计以验证学生对概念、技能与内容的理解。在教学内容的组织方面，研究者鼓励教师设计视觉组织图来呈现学生将在本单元学习过程中体验到的主题、内容、活动以及评估方式。这种整体计划可以让学生看到主题之间的关联，了解活动与学习目标之间的联系，有助于他们展现对课程目标的理解。

（四）脑-目标 4：教授掌握内容、技能和概念

这一部分解决教师如何教的问题，即教师采用怎样的方法策略可以使学生掌握某个领域的知识。

研究者首先认为教育学生就是假设学生能够获得知识，掌握技能和概念，拥有充实而富有成果的人生，成为一个终身学习者。学生对内容、技能和概念的学

习需要保持信息以及有意义地利用。脑-目标 4 探讨了学习和记忆之间的联系及记忆的信息加工过程（信息加工模型），分析了信息和经验如何在大脑的记忆系统中被加工——包括编码、存储和提取三个关键环节，认知科学和心理学的研究揭示了影响长时记忆的各种操作。研究者倡导为掌握学科内容、技能和概念而实施艺术整合教育，用艺术整合教育的方法可以帮助信息"黏附"在孩子们的记忆中。研究者还建议采用反复练习、精细化加工、生成性加工、角色扮演、舞台即兴表演、发生思维、图画表征等多种方法来帮助学生掌握知识和技能。

（五）脑-目标 5：教授知识的扩展和应用

这一部分强调了教学中的创造力和创造性——如何使学生有机会在有意义的、主动的、真实的问题解决任务中创造性地应用他们所学到的知识和技能。脑-目标 5 是和 21 世纪的技能目标紧密相连的，强调了 21 世纪的课堂教学一定不能停留在让学生们掌握知识、技能与概念的阶段，应当努力提升学生们在真实世界中运用知识解决问题的能力，鼓励通过提升创造性和革新的思维，对知识加以延展和应用。研究者建议教师要设计需要跨学科思考的任务来引导以问题为导向的学习，通过设计实验来验证假说，建立以项目为基础的学习模式，创建项目以开发多维度的艺术性任务，与学生定期反思自己的学习目标，在班级内和更广泛的学习环境中开展小组合作的学习活动等等。

（六）脑-目标 6：评估学习

这一部分关注的是对学生学习的评估。需要注意的是，评估不仅在一个学习单元结束时进行，还应该在教学的每个阶段进行，以帮助教师和学生评估学习进展，为不断改进教学过程提供指导。理想的评估使学生在记忆和理解方面获益，同时又促进他们进行批判性和创造性思考。

在评估如何促进学习方面，学习科学的研究表明至少在如下三个方面可以促进学习：①评估为学生提供的有效反馈能够促进学习评估；②评估使学生主动地回顾信息；③间隔特定时间对相同材料进行多次有意的"间隔"评估，能够促使学生掌握学习节奏并主动回顾，从而进一步增强记忆。研究者建议采用诸如档案袋评价、学生日志、表现性评估等多种方式来促进学生的学习。

后　记

众所周知，学习理论是教学设计的重要理论基础之一。随着近三十年来学习理论向学习科学的不断拓展和深入发展，也深刻影响到教学设计的方方面面，尤其是基于学习科学的、以学习为中心的有效教学设计的理论发展和实践变革。

本书作者长期在高校从事教育技术学专业本科生及研究生的"学习科学与技术"及"教学系统设计"等相关课程教学，这是本书写作的重要前期基础。本书写作的直接缘起及内容体系的不断完善和成熟，则要追溯至 2017 年起有幸参与北京大学教育学院学习科学实验室和北京市海淀区、朝阳区、教育部学习科学与游戏化学习实践共同体等中小学教师合作，共同开展的旨在提升教师学习科学素养的系列培训与研修活动。在和这些优秀的一线教师共同学习和探讨应用学习科学变革课堂实践的过程中，我们对于学习科学和脑科学影响下的课堂教学变革及以学生为中心的教学设计发展形成了系统的理解和认识。

促成本书写作的第二个动因，源自 2018 年课程团队成功申报高等教育出版社"爱课程"教师教学能力提升类 MOOC 课程（第四期）"应用学习科学改进教学策略"。这个课程于 2019 年 5 月在中国大学 MOOC 平台上线，目前已经完整运行 11 期。在课程运行的第八期（2022 年上半年），我有机会通过线上讲座的方式和山东省淄博市博山区的老师们一起学习与交流基于学习科学的有效教学设计。之后，我有幸参与了北京大学尚俊杰老师主编的《学习科学导论》（北京大学出版社，2023 年版）第九章"基于学习科学的教学实践"的撰写。在上述五年多的线下教师培训、教师教育 MOOC 开发及带领一线教师的线上线下混合研修中，"基于学习科学的有效教学设计"框架、体系和内容也水到渠成、呼之欲出。作为高校教师虽然教学、科研及社会服务等工作十分繁忙，但在一次次和一线教师及校长们的交流中，不断被他们对应用学习科学的热情和学习的渴望所感动、所驱动，督促和激励我们团队一定要写出一本既能够体现应用学习科学发展前沿，又能够让一线教师看得懂、用得上的教学设计书稿。

本书的完成是团队合作的结晶，除了第一作者梁林梅教授之外，河南大学教育学部教育技术系朱书慧副教授是线上课程"应用学习科学改进教学策略"的核心成员和主讲教师之一，也是梁林梅教授承担的校内本科生和研究生课程的合作者；冯晓晓老师作为年轻教师，于美国印第安纳州立大学教育技术学专业毕业后来到河南大学教育学部教育技术系工作，同时加入我们的课程团队。本书的完成，也受益于 2008 年作为第二作者参与华中师范大学人工智能教育学部杨九民教授主编的"21 世纪教育技术学精品教材"《教学系统设计理论与实践》（北京大学出版社，2008 年版）一书时所奠定的良好基础，在此深表感谢。

最后，要感谢我的研究生在《应用学习科学改进教学策略》线上课程建设及书稿写作过程中所付出的努力，她们包括河南大学教育学部 2021 级硕士研究生王萌和李珞珈，2022 级硕士研究生侯鲁捷、范晶晶和法赛亚及 2023 级硕士研究生翟潇珮、王晴和王子涵，感谢你们的认真参与和付出。

梁林梅

2024 年于河南大学开封金明校区 21 号家属院